딸은
세상의 중심으로
키워라

✦ 일러두기
이 책은 2007년 출간된 『딸은 세상의 중심으로 키워라』의 개정증보판입니다.

상처 주지 않고 자존감을 높이는 훈육 기술

딸은
세상의 중심으로
키워라

마츠나가 노부후미 지음 | 이수경 옮김

21세기북스

이보연

이보연 아동가족상담센터 소장
SBS '우리 아이가 달라졌어요' 자문위원

인도의 한 지방에선 딸을 낳으면 엄마가 목 놓아 운다고 한다. 남녀 차별이 유난히 심한 그 지역에서 여자로 살아가는 게 얼마나 힘든지 알기 때문에 딸이 가여워 우는 것이다. 이처럼 같은 '성'이기에 엄마는 딸을 더 잘 이해하기도 하지만 한편으로는 마치 딸이 '나'인 것처럼 착각하게 되는 일들도 생길 수 있다.

　엄마는 자신이 이루지 못한 꿈을 딸을 통해 실현하고자 하는 보상심리가 강하다. 자신의 꿈을 핑계 삼아, 딸에게 좀 더 나은 사회적 지위와 성공을 안겨주기 위해 딸의 욕구는 무시하고 강요만 하는 것이다. 하지만 딸을 세상의 중심으로 키우는 길은 강요하는 것이 아니라, 어릴 적 딸의 감성이 충분히 자랄 수 있도록 지켜봐주고 존재 자체를 칭찬해주는 것이다.

엄마가 딸을 보며 자신과 연결 짓는 것처럼 딸들 또한 엄마를 보며 자신과 연결시키고 닮아가려 한다. 게다가 여자는 닮고 싶은 사람을 흉내내려는 특성이 강하기 때문에 많은 시간을 함께 지내는 엄마는 어린 딸의 가장 좋은 흉내 대상이다. 그러므로 딸이 멋진 인생을 살기를 원한다면, 먼저 엄마 자신의 모습을 뒤돌아보고 반성해야 하며 딸에게 좋은 역할 모델이 될 수 있도록 자신을 가꿔야 한다. 이러한 것이 딸에게 강요하지 않고도 딸을 잘 키우는 방법이자 엄마 자신도 행복해지는 비결이 된다.

김상엽
소아청소년정신과 전문의

저자가 앞서 출간한 『작은 소리로 아들을 위대하게 키우는 법』은 딱딱한 자녀교육서에 식상해진 부모들의 육아 고민을 오랜 가뭄 끝에 내리는 단비처럼 말끔히 풀어주었다. 같은 저자의 이번 책 또한 자신의 교육 경험을 그대로 살려 특유의 필치로

쓴 글이어서 여간 반가운 것이 아니다.

저자는 '아들은 엄마와 이성(異性)이라는 이유로 많은 문제'가 생기는 반면, 딸은 엄마와 동성(同性)이라는 점 때문에 많은 문제가 생기며, 지나친 욕심은 '위험한 모녀관계'를 초래할 수 있다며 딸 키우는 부모 심정을 아주 정확하게 집어낸다.

'양성평등'은 남자, 여자의 고유한 특성을 무시한 획일적인 평등을 뜻하는 것이 아니다. 이 책의 저자가 관찰하고 경험하여 얻은 것처럼 서로 다른 두 성의 특성을 잘 이해하고 그것을 최대한 살려서 교육한다면 아이들이 앞으로는 좀 더 행복해질 것이라고 믿는다. 부모뿐 아니라 교사에게도 적극 추천한다.

요즘 눈에 띄게 늘어난 교육 상담이 있습니다. '교육부의 정책도, 이 나라 교육의 방향성도, 대학 입시 개혁도 기준을 전혀 모르겠다'라고 고충을 토로하십니다. 그리고 '글로벌화 교육이 너무 많아서 따라갈 수가 없고, 내 아이를 위해서 도대체 어떤 일을, 어떻게 해야 좋을지 전혀 모르겠다'라고 말씀하십니다. 즉, 현재 부모님들의 상당수는 자녀교육에 대해 구체적이고 개별적인 문제보다는, 전반적으로 '어떡해야 좋을지 모르겠다'라고 느끼고 계십니다. 이는 시대의 변화일 수도 있지만, 동시에 지금까지 제가 책을 써온 동기라고도 할 수 있습니다.

현대 여성과 과거의 여성의 가장 큰 차이는 여성도 가능한 고학력을 얻거나 자격증을 따서 사회의 일원으로 일한다는 점입니다. 그리고 결혼과 육아까지 병행해야 합니다. 게다가 단순히 자상한 엄마가 된다고 끝이 아니라, 할 수 있으면 공부도 잘하고, 일도 잘하고, 남편감도 찾고, 아이를 낳고, 육아를 해낼수 있어야 어른 여성이 될 수 있는 세상입니다.

하지만 많은 여자아이가 이것을 해냅니다. 게다가 남자아이들보다 쉽게 이뤄냅니다. 사람에 따라 다르지만, 제 경험상 여자아이의 학업 성취도가 높았습니다. 공부만 보면 여자아이가 더 뛰어나다고까지 생각됩니다. 그러나 진정한 배움에는 호기심이 필수이고, 여성으로서 즐겁게 살기 위해서는 감수성이 필수입니다. 그러한 힘을 소중히 여기며 여자아이가 훌륭하게 자랐으면 좋겠습니다.

마지막으로 국회의원 과반수가 여성 의원이 되는 날이 하루빨리 오면 좋겠습니다. 권력욕으로 가득 찬 남자들에게만 언제까지고 정치를 맡겨둘 수는 없으니까요. 그들은 아이를 행복하게 하는 교육을 말하지 않습니다.

이 책을 통해 독자님들과 아이들을 향한 제 마음이 전달되었길 바랍니다.

마츠나가 노부후미

『작은 소리로 아들을 위대하게 키우는 법』이 많은 분들의 사랑을 받은 덕분에 제2탄을 내놓게 되어 매우 영광스럽게 생각합니다. 마음 깊이 감사드립니다.

'교육 환경 컨설턴트'인 제가 하는 주요 업무는 아이들의 학습능력을 향상시키기 위한 상담을 하는 일과 실제로 아이들을 가르쳐서 시험에 합격시키는 일입니다.

따라서 이 책에는 학생들의 학습능력을 향상시키는 제 업무상 공부를 잘하는 아이로 만들려면 어떻게 해야 하느냐는 질문에 대답하는 내용이 많습니다.

공부 잘하는 아이로 만드는 일은 전문가에게 그리 어렵지 않습니다. 조금만 애쓰면 가능한 일이지요. 사실 다양한 교재를 제공하고 시간을 투자해서 학생들을 좋은 대학에 합격시키는 학원은 얼마든지 찾을 수 있습니다. 그러나 잘못된 교육법으로 아이의 인생을 망치면서까지 학습능력을 향상시키는 것은 진정한 '교육'이 아닙니다.

공부를 꼭 잘해야 하는 건 아니지만, 학생이니까 기왕이면 공부를 못하는 것보다는 잘하는 게 낫습니다. 공부를 잘하는 아이는 대체로 똑똑하고 착실해서 친구들과 쓸데없는 언쟁을 벌이지 않거든요. 그러면 어떻게 해야 똑똑하고 착실하면서 공부까지 잘하는 딸로 키울 수 있을까요?

지나친 욕심은 모녀 관계의 위험도를 높입니다. 재미있게도 아들은 엄마와 이성(異性)이라는 이유로 많은 문제가 생기는 반면, 딸은 엄마와 동성(同性)이라는 점 때문에 많은 문제가 생깁니다. 대부분의 엄마들이 딸은 자신보다 더 나은 사회적 지위에 오르고 성공을 거두기를 원하기 때문입니다. 그리고 엄마의 이런 바람은 '딸의 인생을 인정할 수 없다'는 지나친 욕심으로 변질되면서 매우 위험한 모녀 관계를 초래하기도 합니다.

남들만큼 배우고, 좋은 남자를 만나 결혼하고, 건강한 아이를 낳아 잘 기를 수 있다면 딸에게 더 바랄 게 없습니다. 아니, 부모는 딸에게 이 정도만 기대해야 합니다. 더 큰 바람은 이것이 충족된 뒤에나 생각해야 합니다. 물론 '그 이상의 바람'은 아이가 알아서 판단할 일이겠지만 말이죠.

딸은 다음 세대를 낳을 '국가의 보물'입니다. 이러한 딸들이 좀 더 훌륭하고 좀 더 행복하게 자랄 수 있도록 교육해야 합니다. 이 책이 아들과 딸의 다른 점을 시대 상황에 맞게 되짚어보고, 오늘날 교육의 목표를 생각하는 데 작은 보탬이 된다면 저자로서는 더없이 행복할 것입니다.

물론 모든 일에는 예외가 있습니다. 한 가지 의견이 모든 상황에 들어맞는 것은 아니죠. 그러므로 제 의견은 단지 '참고'만 하시기 바랍니다. '현장'에서는 이렇게 하고 있구나 하고 말입니다.

마츠나가 노부후미

차례

추천사 4

개정증보판을 출간하며 7

들어가는 말 9

PART 1
딸로 태어났어도 몰랐던 딸의 특성

01 멀리 보는 아들, 가까이 보는 딸 16

02 딸의 인생에는 역전 홈런이 없다 21

03 국어 실력을 늘리는 수다법은 따로 있다 25

04 딸이 가진 최고의 능력은 감수성 30

05 귀한 딸일수록 엄하게 가르쳐라 35

06 딸의 인생은 습관으로 결정된다 41

07 예절 바른 아이가 머리도 좋다 45

08 '여자답게'보다 '현명하게' 키워라 50

09 미디어에 휘둘리지 않는 법을 가르쳐라 55

10 오빠가 있는 여자아이는 똑똑하다 60

11 여자아이는 흉내 내며 창의력을 키운다 65

12 흉내 내며 성장할 환경을 조성하라 70

13 딸아이와 표정으로 대화하라　　74

14 상처 주지 않고 학원을 그만두게 하는 법　　78

∨∕∨∕∨∕∨∕∨∕∨∕∨∕∨∕∨∕∨∕∨∕∨∕∨∕∨∕∨∕

PART 2
즐기는 법을 아는 딸이 결국 성공한다

∕∨∕∨∕∨∕∨∕∨∕∨∕∨∕∨∕∨∕∨∕∨∕∨∕∨∕∨∕∨∕

01 능력을 인정받고 싶은 아들, 존재를 인정받고 싶은 딸　　82

02 딸에게 눈치로 판단할 줄 아는 법을 가르쳐라　　86

03 지식만 쌓는다고 교양이 생기지는 않는다　　91

04 머리를 좋게 하려면 즐기는 힘을 가르쳐라　　95

05 딸 인생의 행복을 높여주는 포용력 훈련　　100

06 피아노를 잘 치면 똑똑해진다　　104

07 토론식 대화법으로 딸의 논리력을 키워라　　108

08 단호한 태도로 대해야 조리 있게 말하는 법을 익힌다　　113

09 아이의 판단력을 기르는 주도적인 쇼핑법　　117

10 아이의 감수성을 성적표 속에 가두지 마라　　122

11 취미 없는 딸은 결국 불행해진다　　127

12 세상과 어우러지는 '매력 있는 딸'로 키워라　　132

13 '좋아하는 일'을 찾도록 돕는 것이 부모의 역할이다　　137

14 부모의 욕심을 채우려고 학원에 보내지 마라　　141

15 '베이킹'을 하면 '제대로 하는 태도'가 길러진다　　147

\\/\\/\\/\\/\\/\\/\\/\\/\\/\\/\\/\\/\\/\\/\\/\\/\\/

PART 3
모두에게 사랑받는 딸로 키우는 비법

/\\/\\/\\/\\/\\/\\/\\/\\/\\/\\/\\/\\/\\/\\/\\/\\/\\

01 귀엽다는 칭찬을 아끼지 마라   **152**

02 외할머니 같은 따뜻함으로 딸을 대하라   **157**

03 존경받는 아빠는 딸의 '남자 보는 눈'을 기른다   **161**

04 엄마가 책을 읽어야 딸도 책을 읽는다   **165**

05 집안일을 함께하면 순발력이 생긴다   **170**

06 '금전감각'을 낳는 '갖고 싶은 걸 참는 습관'   **174**

07 딸 교육은 여러 우물을 파야 성공한다   **179**

08 딸의 매력을 키우는 건 엄마 손에 달려있다   **185**

09 인정받으며 자란 아이는 비뚤어지지 않는다   **189**

10 사랑받고 있다고 확신하게 하라   **194**

11 마지막에는 특기 있는 아이가 승리한다   **199**

12 어린아이와 놀게 하면 사교성이 싹튼다   **204**

13 유년기의 즐거운 경험은 평생의 자산이 된다   **209**

14 상대를 인정하는 법을 가르쳐라   **214**

맺음말   **218**

개정증보판 후기   **221**

PART 1
딸로 태어났어도 몰랐던
딸의 특성

여자아이의 학습능력을 길러주는 방법은
'어렸을 때부터 착실히 실력을 쌓는 것'밖에 없다.
여자아이는 남자아이에 비해 성실해서
꾸준히 노력하는 것을 그리 힘들어하지 않는다.
날마다 꾸준히 문제를 푸는 학습방법이
여자아이에게 맞는다고 할 수 있다.

멀리 보는 아들,
가까이 보는 딸

∨∧∨∧∨∧∨∧∨∧∨∧∨∧∨∧∨∧∨∧∨∧∨∧∨∧∨

여러분이 세계사 공부를 한다면 책상 위에 무엇을 놓겠는가? "교과서와 공책, 그리고 필기도구만 있으면 충분해. 참, 형광펜은 필수"라고 대답하는 사람이 있다면, 아마 세계사 공부는 연호나 키워드를 통째로 암기하는 것이 최선의 방법이라고 믿기 때문일 것이다.

물론 그렇게 하면 분명히 점수는 높게 나오겠지만, 안타깝게도 진정한 의미에서의 학습능력은 향상되지 않는다. 왜냐하면 역사 공부는 '왜?'라는 질문을 하면서 지식이 더욱 깊어지고 넓어져 마침내 교양으로 이어지기 때문이다.

내가 생각하는 '세계사를 공부할 때 갖춰야 할 준비물'은 책상 오른쪽에는 세계사 교과서와 참고서, 왼쪽에는 세계사 사전, 앞에는 세계지도와 세계사 연표를 놓는 것이다. 그리고 수업 시간에 필기한 공책과 나름대로 정리한 공책을 준비하는 것이다. 여기에 문헌자료 한두 권을 더한다면 금상첨화다.

책상이 작아서 이렇게 많이 펼쳐놓을 수 없다면 손이 닿는 범위 안에 이것들을 전부 갖다 놓고 필요할 때마다 즉시 꺼내 볼 수 있게 한다. '이 사건이 일어난 장소는 어디일까?' 하는 의문이 떠올랐을 때 곧바로 세계지도를 꺼내서 그곳이 어디에 있는지 확인하고, 그 부근에는 무엇이 있는지 살펴본다. 나아가 같은 시기에 그 지역에서 역사를 바꾼 중요한 사건이 있었는지도 함께 알아본다. 그러면 다른 나라에서 일어난 사건이 지금 배우는 사건과 어떤 연관성이 있는지 저절로 알게 된다.

관찰력부터 다른 사내아이와 여자아이

세계사 공부를 할 때 가장 중요한 요소는 이처럼 모든 상황을 아우를 줄 아는 넓은 시야를 확보하는 것이다. 그리고 이렇게 시야를 넓히기 위해서는 '자기 주위를 깔끔하게 정리해서 무엇이 어디에 있는지를 확실히 파악하는 생활 태도', 다시 말해 세세하게 구분해서 하나로 정리할 줄 아는 능력이 있어야 한다. 사내아이는 아무리 잔소리를 해도 제대로 정돈하지 못하는 반면, 여자아이는 무엇이든 세세하게 구분해서 정리하는 능력을 선천적으로 타고난다.

나는 남녀를 불문하고 아이의 뛰어난 능력을 이야기할 때 '관찰력'을 빼놓을 수 없다고 생각한다. 그렇지만 남자아이와 여자아이의 관찰력은 그 내용이 크게 다르다. 사내아이는 움직이는 것이나 멀리 있는 것을 보는 능력이 뛰어나다. 예를 들면 엄마와 함께 백화점에 가서 그릇을 살 때, 그릇 매장에서 멀리 떨어진 곳에 있는 장난감 매장을 발견하고 아무 말 없이 그쪽으로 재빨리 달려갔다가 엄마를 잃어버리는 게 사내아이다.

이에 반해 여자아이는 엄청나게 많은 그릇 중에서 자기 마음에 드는 그릇을 찾거나, "둥근 접시라면 이게 어때요"라며 집어 드는 등 움직임이 없는 것을 관찰하는 능력이 뛰어나다. 그렇기 때문에 움직이는 바퀴벌레나 거미가 눈에 띄면 남자아이보다 훨씬 더 요란하게 소란을 피운다.

남자는 주변 사람의 머리 모양이 바뀌어도 눈치채지 못하는데 여자는 작은 액세서리 하나만 바뀌어도 금방 눈치챈다.

조금만 더 자세히 살펴보면 일상생활에서 남녀의 '관찰력'이 얼마나 다른지를 보여주는 예는 얼마든지 찾을 수 있다.

'작은 변화라도 금방 알아차리는 여자, 작은 것엔 무감각한 남자', '멀리 있는 건 못 보는 여자, 멀리 있어도 한눈에 알아보는 남자'라고 감각적으로 느끼는 사람도 많을 것이다.

내성적인 여자아이 앞으로 괜찮을까?

다시 아이의 세계로 돌아가자. 사내아이는 밖으로 뛰어나가 많은 것을 발견하고 관찰하고 체험하지만, 여자아이는 집 안에서 많은 것을 발견하고 관찰하고 체험한다. 조용해서 무엇을 하고 있나 들여다보면 인형들을 늘어놓고 인형놀이에 열중하고 있거나 엄마가 하는 일을 물끄러미 바라보거나 집안일 흉내를 내는 것이 여자아이다. 이렇게 하는 동안 여자아이는 자기 나름대로 아기자기한 관찰력이 길러지는데, 이것이 학습능력으로 이어진다.

날씨가 화창한데도 밖에 나가지 않고 집에서 인형이나 늘어놓고 있는 딸을 보면서 '이렇게 내성적이어도 괜찮을까?' 하고 걱정하는 부모가 있을지 모른다. 그러나 여자아이는 걱정하지 않아도 된다. 여자아이는 이런 '아기자기한 작업'을 하면서 관찰력을 기르고 정리하는 능력을 키우기 때문이다. 여자아이들이 사내아이들처럼 집에 있는 시간에 컴퓨터 게임을 하고 싶어 안달하지 않는 것은 집 안에 있는 물건만으로도 재미있게 놀 줄 아는 습성이 있기 때문이다.

딸의 인생에는
역전 홈런이 없다

∨∨∨∨∨∨∨∨∨∨∨∨∨∨∨∨∨∨∨∨∨∨∨∨∨∨

오랜만에 훌쩍 커버린 남자 조카를 만나거나 멋있고 의젓하게 자란 남자 동창을 길에서 우연히 만났을 때 '어려서는 구제불능에 말썽꾸러기였는데…' 하며 놀란 적이 있을 것이다. 실제로 주변을 보면 학교 다닐 때는 못된 짓만 하고 공부는 거들떠보지 않아 늘 꼴찌를 하던 사내아이가 턱하니 일류대학에 들어가고, 대기업에 취직했다는 소식을 종종 듣게 된다.

『작은 소리로 아들을 위대하게 키우는 법』에서도 말했듯이 사내아이는 초등학교 6학년까지는 공부를 본격적으로 시키기보다 밖에서 놀게 해야 나중에 공부를 더 잘한다. 다시 말해 '역전 홈런'을 기대할 수 있는 것이 사내아이라는 말이다. 그렇기 때문에 아들 둔 엄마들이 "우리 아들은 학교에서 오자마자 밖에 나가 놀기 바빠요. 공부는 좀처럼 하려고 들지 않아요"라고 하소연하면 "그건 아주 바람직한 현상입니다! 부디 그 아이가 다양한 경험을 쌓을 수 있게 도와주세요"라고 안심시켜준다.

하지만 여자아이를 둔 엄마가 이런 고민을 한다면 그때도 과연 이런 대답이 쉽게 나올까? 안타깝게도 그렇지 않을 것이다. '어려서는 못된 짓만 하던 아이가 180도 달라져서 일류기업의 커리어우먼이 되었다'거나, '옛날에는 수업도 제대로 듣지 않아 성적이 늘 바닥을 기던 아이가 일류대학에 합격했다'는 역전 홈런 같은 상황이 여성에게는 거의 일어나지 않는다.

날마다 꾸준히 공부하는 습관

일류대학에 합격한 아이를 놓고 말할 때, 남자아이에게는 '역시 달라(옛날부터 공부를 잘하던 아이)…'와 '걔가?(성적이 그렇게도 나쁘던 아이)'라고 두 가지로 반응하는 데 반해서 여자아이에게는 '그러면 그렇지…'라는 말로 한정된 반응을 나타낸다. 여러분도 그렇게 생각하지 않는가?

이로써 알 수 있듯이 여자아이의 학습능력을 길러주는 방법은 '어렸을 때부터 착실히 실력을 쌓는 것'밖에 없다. 또 여자아이는 남자아이에 비해 성실해서 꾸준히 노력하는 것을 그리 힘들어하지 않는다. 그렇기 때문에 어떤 의미에서는 날마다 꾸준히 문제를 푸는 학습방법이 여자아이에게 맞는다고 할 수 있다.

이렇게 꾸준히 공부하다 보면 늘 학교 수업보다 진도가 조금 앞서가기 때문에 학교 수업은 아는 것을 '복습'하는 일이 된다. 자신이 공부한 것을 학교에서 하나하나 확인하는 과정에서 학습능력이 점차 향상된다.

이처럼 여자아이의 학습능력은 '선행학습'으로 향상된다. 어렸을 때부터 착실히 공부해서 좋은 성적을 받은 아이가 더 똑똑해져서, 결국 좋은 대학에 입학하는 것이다. 이렇게 말하면 '아이고, 우리 아이는 이미 늦었다'며 눈앞이 캄캄하다고 말하는 부모도 있을지 모른다. 하지만 아이에게 '이미 늦었다'는 표현은 적절하지 않다.

물론 어렸을 때부터 착실히 공부한 아이와 지금 당장은 비교할 수 없지만, 오늘부터라도 '날마다 꾸준히 공부하는 습관'을 들이면 결코 늦은 것은 아니다.

'지금까지 하는 걸로 봐서 우리 애는 시키는 대로 따라할 것 같지 않다'라고 판단되면 엄마가 적극적으로 나서서 날마다 공부를 시켜야 한다. 신경질적으로 언성을 높이거나 '아유, 나도 모르겠다!' 하고 중도에 포기하면 안 된다. 아이가 착실한 노력파가 되기를 간절히 바란다면 엄마부터 꾸준히 노력해서 아이를 바꿔가야 한다.

국어 실력을 늘리는 수다법은 따로 있다

∨∧∨∧∨∧∨∧∨∧∨∧∨∧∨∧∨∧∨∧∨∧∨∧∨∧∨∧∨

모든 학습능력에서 가장 기본이 되는 것은 무엇일까? 그것은 뭐니 뭐니 해도 '국어 실력'이다. 더 정확히 말하면 '국어를 이해하는 능력'이다. 그 이유는 간단하다. 아이들이 보는 교과서와 참고서, 문헌자료, 그리고 시험문제 대부분이 국어로 씌어 있기 때문이다. 아무리 계산 실력이 뛰어나고 암기를 잘해도 문장을 읽고 이해한 뒤에 자기 생각을 정확히 표현하는 '국어 실력'이 없으면 아무 소용이 없다. 마찬가지로 아무리 상상력이 뛰어나도 그것을 남에게 언어로 전달하지 못하면 그 사람의 머릿속에만 들어 있는 '망상'에 그치고 만다. 그래서 아이를 교육할 때는 국어에 가장 중점을 두어야 한다.

그렇다면 사내아이와 여자아이를 단순 비교했을 때, 누가 더 국어 실력이 뛰어날까? 말할 것도 없이 여자아이가 월등하게 우수하다. 왜 그럴까?

어렸을 때부터 밖에 나가 노는 사내아이들에 비해 집에 있는 여자아이들이 책 읽을 시간이 많기 때문일까? 그것도 한 가지 이유가 될 수 있다. 그러나 그보다 더 큰 이유가 있다. 바로 '수다'다.

'수다'에서 시작되는 대화의 기술

최근 말이 많은 남자가 늘기는 했지만, 그래도 여자를 따라가려면 아직도 멀었다. 물론 자신이 하고 싶은 말만 일방적으로 하고, 상대방 이야기는 전혀 듣지 않는 갑갑한 사람도 있지만 (이런 사람은 남자가 더 많을지도 모르지만) 말이다.

많은 여성은 쉴 새 없이 이야기하면서도 상대방의 표정만 보고도 진의를 파악하거나, 상대가 이야기에 관심이 있는지 없는지 살펴서 화제를 바꾸는 등 남자에 비해 수준 높은 대화기술을 구사한다. 이런 대화기술은 하루아침에 터득할 수 있는 것이 아니다. 여성은 어린 시절부터 '있잖아요, 엄마'에서 시작되는 '수다의 역사' 속에서 끊임없이 대화기술을 갈고닦았다.

어렸을 때부터 이렇게 대화기술을 닦은 아이는 국어 실력이 금방 향상된다. '국어 실력'이 향상된다는 것은 언어로 이해하는 능력이 생긴다는 말이다. 그러므로 여자아이의 수다 능력은 어른이 생각하는 것보다 훨씬 더 중요하다. 그런데도 가끔 딸의 수다 능력을 무시하는 부모가 있다. 예를 들어 "밥 먹을 때는 떠들지마!"라며 불같이 화를 내는 봉건적인 할아버지, 아니면 "피곤하니까 나중에 얘기하자"라며 모처럼 꺼낸 딸의 이야기를 중단시켜버리는 만성피로증후군에 시달리는 아빠, 그리고 수다를 잘 못 떠는 엄마가 그들이다. 그중에서도 엄마가 수다를 못 떠는 상황이 제일 심각하다.

'수다를 못 떠는 엄마'에도 여러 유형이 있다. 먼저 입을 꼭 다물고 필요한 말 이외에는 말을 잘하지 않는 엄마가 있다. 이런 엄마는 설령 자신은 잘 떠들지 못하더라도 "응응", "그래서?"라고 맞장구를 쳐서 딸이 이야기를 많이 할 수 있게 '잘 들어주는 엄마'가 되어야 한다.

자기 생각을
구체적인 단어로 표현하는 능력

이보다 더 나쁜 엄마는 '언어 감각이 떨어지는 엄마'다. 언어 감각이 부족하다고 하면 어렵게 들리겠지만, 간단히 말하면 '짧은 문장으로만 얘기하는 엄마'다.

가령 딸에게 "새 학기가 되었으니 책가방 사러 이번 주 일요일에 백화점에 가자"라고 얘기한다고 치자. 이때 언어 감각이 부족한 엄마는 "백화점에 가자"라고 말한다. "언제?"라고 딸이 물으면 "일요일에", "뭘 사러?", "책가방" 이것은 수다도 아니고 대화도 아니다. 대화를 하려면 이런 식으로 해야 한다.

"새 학기가 되었으니 이번 주 일요일에 백화점에 가서 책가방이랑 그밖에 필요한 준비물 좀 사고, 나간 김에 아빠 넥타이랑 신발 그리고 할머니한테 드릴 선물도 고르려고 하는데, 너도 같이 갈래?"

'길게 이야기하는 법'은 밥을 먹을 때도 적용된다. 가령 밥을 먹다가 간장을 건네 달라고 할 때 "간장!"이라고 간단히 말하는 사람이 있다. 그럴 때는 "저기 있는 간장 좀 건네줄래?"라고 말해야 한다. 간이 맞는지 물어볼 때도 "된장국 어때?"가 아니라 "된장을 바꿔봤는데 맛이 너무 진하지 않니?"라고 물어야 한다.

　밥을 먹다가 아이의 학교 이야기를 꺼낼 때도 "새로운 선생님은 어때?"라고 묻는 것이 아니라 "이번 담임선생님은 무섭다고 하던데, 네 생각에 2학년 때 담임선생님이랑 비교해서 어떠니?" 하고 물어야한다.

　그리고 딸이 말하면 이야기가 아무리 길어져도, 화제가 옆길로 새더라도 "응", "그랬구나", "그래서?" 하고 맞장구를 쳐서 도중에 이야기가 끊어지지 않게 이끌어주는 것이 중요하다. 이렇게 엄마와 수다를 떨면서 아이는 자기도 모르게 '요령 있게 말하는 법'을 배운다. 그리고 이 힘은 '자기 생각을 구체적인 단어로 표현하는 능력'으로 이어져 모든 학습의 기초가 되는 '국어 실력'을 더욱 향상시킨다는 점을 명심하기 바란다.

딸이 가진
최고의 능력은 감수성

ˇ∨ˇ∨ˇ∨ˇ∨ˇ∨ˇ∨ˇ∨ˇ∨ˇ∨ˇ∨ˇ∨ˇ∨ˇ∨ˇ∨ˇ∨ˇ∨

'유아교육'이라고 하면 제일 먼저 어떤 것이 떠오를까? 아마 많은 사람이 선행학습 위주의 '유아교실'이나 유치원 그리고 예체능 학원을 꼽지 않을까?

그림을 그린다든지, 음악에 맞춰 몸을 움직인다든지, 외국인 선생님한테 영어를 배운다든지, 몸을 단련하기 위해 운동을 배운다든지 하는 내용을 부각시킨 예체능 교실이나 보습학원이 큰 인기를 모으고 있다. 이런 '선행학습'을 목표로 한 학원이나 유치원에 다녀야만 유아교육을 제대로 시킨다고 생각하는 부모가 많은 것은 안타까운 일이다.

초등학교 입학 전까지 유아교육을 잘 받아야 한다고 생각하지만 이것이 아이를 좋다고 소문난 유치원에 보낸다든지, 유아교실에 넣는다는 의미는 아니다. 유아교육은 부모만이 제대로 할 수 있다. 도대체 부모만이 할 수 있는 유아교육은 어떤 것일까?

바로 '아이가 선천적인 능력을 충분히 발휘할 수 있도록 도와주는 것'이다. 아이의 선천적인 능력은 아들이냐 딸이냐에 따라 다른데, 아들이 지니고 태어난 능력은 '호기심'으로, 이것은 '가만히 있지 못하고 계속 움직이는 에너지'다. 반면 딸은 '감수성'을 가지고 태어난다. 이는 '아름다운 것을 찾아내고 귀여워하는 성질'을 말한다.

어른은 모르는 여자아이의 세계

딸을 둔 부모라면 잘 알겠지만, 딸은 어렸을 때부터 '예쁜 것'을 정말 잘 찾아낸다. 길가에 핀 작은 꽃 옆에 쭈그리고 앉아 '예쁘다'며 쳐다보거나, 물웅덩이에 낀 기름막을 보고 '무지개가 뜬 것 같다'며 좋아한다. 또 정원에 피어 있는 꽃들에게 '안녕!'

하고 말을 걸기도 한다. 아마 이 세상에는 여자아이 수만큼 '예쁜 것'이 있을 지도 모른다. 이처럼 딸은 무심히 지나쳐버릴 만한 사소한 물건이나 사건을 재빨리 찾아내서 눈을 반짝이며 넋을 잃고 쳐다본다.

여자아이들이 좋아하는 만화 영화를 보면 주인공이 뭔가에 마음을 빼앗겼을 때 갑자기 눈동자가 별 모양으로 바뀌고, 배경에는 꽃이 날아다니고, 낭만적인 음악이 흘러나온다. 우리에게 아주 익숙한 장면인데, 이것이 바로 여자아이의 세계를 표현한 것이다.

아이들이 잘 아는 곤충 중에 쥐며느리라는 게 있다. 주로 낙엽이나 돌 밑 등 습한 곳에서 서식하며 납작하고 길쭉한 타원형의 몸통을 가지고 있다. 집안에서 쥐며느리를 발견하면 대부분의 엄마들은 깜짝 놀라 몸이 굳어지거나, 자신도 모르게 '악!' 소리를 지르고 만다.

하지만 아이들의 반응은 다르다. 사내아이는 '이 벌레가 얼마만큼 작아질까' 하는 호기심이 발동해서 손가락 끝으로 동동 말다가 결국 눌러 죽이지만 여자아이는 '와, 귀엽다'며 손바닥 위에 올려놓고 부지런히 기어가는 모습을 넋을 잃고 바라본다.

'넋을 잃고' 바라보는 눈길이야말로 여자아이 '감수성'의 원천이다. 어렸을 때부터 풍부한 감수성을 기르고, 그 감수성을 잘 간직하면서 자란 아이는 엄청난 흡인력으로 모든 과목에서 우수한 성적을 거두고, 성격도 활발해진다.

엄마의 끈기가 필요한 순간

그런데 눈코 뜰 새 없이 바쁘게 지내는 어른이 '예뻐하고 귀여워하는 여자아이의 감성'을 상대해주기란 웬만한 끈기가 없으면 힘들다. 그렇지만 여자아이가 어렸을 때부터 특유의 감성에 동조해주고, '정말 그렇네', '이쪽도 보자'며 아이의 세계를 더욱 넓혀주는 교육 방법이 여자아이의 감성을 풍부하게 길러주는 참된 유아 교육을 하는 지름길이다.

여러분은 어떤가? 길가에 핀 꽃을 정신없이 바라보는 딸의 감성을 받아주었는가? 느닷없이 시작된 꿈같은 이야기에 귀 기울였는가? 만일 "바보 같은 소리 하지마!"라고 부정했다면 너무나 안타까운 일이다. 물론 마음의 여유가 없어서 그랬겠지만 말이다.

시작하기에 늦은 일은 없다. 지금부터라도 의식적으로 '여자아이만의 감수성'을 기르는 교육을 시작하자. 어느 날 갑자기 듣지도 않던 모차르트 음악을 들려주거나 가지도 않던 미술

관에 데려가는 식의 무리한 정서교육이 아니라, 함께 걸어가다가 저녁노을을 바라보게 되면 '아름답다'고 말하거나, 길가에 피어 있는 꽃을 보면서 '예쁘다'고 느끼는 일부터 시작하면 된다. 평소 감수성이 부족했던 엄마들에게 이 과정은 결코 쉽지 않을 것이다. 장엄한 노을을 보며 '노을이 졌구나. 빨리 집에 가야지'라고 생각하고, 파도에 부서지는 햇살을 보며 '바닷바람이 너무 춥다'라고 생각하는 사람은 더욱 그렇다. 본인이 이런 스타일이라면 의도적으로 감탄사를 입 밖으로 꺼내는 연습을 해야 한다. 아이뿐만 아니라 부모 자신도 마음의 여유를 찾게 될 것이다.

귀한 딸일수록
엄하게 가르쳐라

∨∨∨∨∨∨∨∨∨∨∨∨∨∨∨∨∨∨∨∨∨∨∨∨∨

아침부터 엄마는 아이에게 '얼른 일어나라', '밥 빨리 먹어라', '이 닦았니?', '지각하겠다. 빨리 가라'라고 다그친다. 그리고 저녁때 아이가 집에 돌아오면 '신발 가지런히 벗어 놨니?', '손 씻었니?', '빨리 숙제해야지' 등 하루 종일 아이에게 명령하고 야단친다. 그러면서 아이에게 그렇게 대하는 자신이 싫다고 고민하는 엄마가 많다.

사실 모든 엄마는 좀 더 조용하고 상냥하며 절대로 다그치지 않는 엄마가 되고 싶어 한다. 큰소리로 야단치는 엄마의 고

민은 오직 하나다. '이렇게 야단만 치다가 도리어 아이의 반항심만 커져 나쁜 길로 빠지지는 않을까?'라는 것이다.

만일 여러분이 아들을 둔 엄마라면 "그렇다. 똑같은 일로 무조건 야단만 치는 건 역효과가 날 뿐이다! 아이에게 좋을 게 하나도 없다"라고 대답하겠다. 그러나 상대가 딸이라면 이야기가 달라진다.

오해받을 각오를 하고 단도직입적으로 "괜찮다. 계속해서 엄하게 대하라"라고 이야기하겠다. 물론 무턱대고 야단만 친다고 해서 능사는 아니다. 오냐오냐 하면서 무조건 받아주지 말고 약간 엄하게 가르쳐야 한다는 말이다. 늘 분명하고 변함없는 태도로 일관성 있게 대하라는 것이다.

인간은 '착실히 해내는 능력'과 '긴장을 푸는 능력'이 모두 뛰어나야 한다. 말할 것도 없이 착실히 해내는 능력은 의식적인 것이고, 긴장을 푸는 능력은 무의식적인 것이다. 따라서 양쪽을 잘 조화시키는 사람이 유능한 사람이다.

이때 '착실히 해내는 능력'은 어렸을 때 주위 사람의 영향을 받으면서 길러진다. 특히 집 밖으로 나가려고 하지 않고 엄마 곁에 붙어 있으려는 딸에게는 '집안일'을 같이 하면서 착실히, 빈틈없이 하는 습관을 들일 수 있다. 이렇게 성장한 딸일수록 나중에 커서 부모에게 깊이 고마워한다는 사실을 딸을 키워

본 엄마라면 경험했을 것이다.

'귀한 자식일수록 여행을 시켜라.'

이 말에는 사내아이를 응석받이로 만들지 말라는 교훈이 담겨 있다.

'사자는 새끼를 계곡으로 밀어서 살아남은 놈만 키운다.'

이 말대로 한다면 지금은 '아동 학대'라며 문제를 삼을지도 모를 일이다.

엄격함에도 '질'이 있다

조금 평범하게 들릴지는 모르지만 나는 여자아이에게 알맞은 말은 '귀한 딸일수록 엄하게 가르쳐라'라고 생각한다. 부모가 진정으로 바라는 자식상은 스스로 판단하고 행동할 줄 아는 주체성 있는 아이다. 그러면 아이에게 주체성을 어떻게 길러줘야 할까? 이것이 가장 큰 문제다.

호기심에 따라 행동하는 사내아이는 아무도 모르는 사이에 '주체성'을 몸에 익힌다. 그렇기 때문에 끊임없이 잔소리를 듣고 자란 아들은 '아휴, 시끄럽게 또 떠드신다'로 끝내버리는 '흘려듣기의 달인'이 되든지, 아니면 부모의 기세에 눌려 호기심과 행동력을 빼앗겨 '무기력한 남자'가 되든지 둘 중 하나다. 이렇게 되면 어느 것이든 좋을 게 하나도 없다.

이에 반해 여자아이는 눈동냥으로 배우면서 서서히 주체성을 익혀간다. 그러므로 다음에 어떤 행동을 해야 할지 지시하고 이끌어주는 것이 매우 중요하다. '밥 먹을 때는 바르게 앉아라', '인사는 상대방의 눈을 쳐다보며 상냥하게 해라'라는 예절 교육에서부터, '갈아입은 옷은 잘 개놔라', '식사가 끝나면 그릇을 싱크대에 갖다 놓아라' 같은 집안일 돕기, '학교에서 받아온 안내문은 집에 오자마자 엄마한테 보여줘라', '식사 전에 숙제를 끝내라', '예습, 복습은 착실하게 해라' 같은 공부에 관한 것까지 일일이 간섭해도 좋다.

여기에서 문제가 되는 것은 바로 '엄격함의 질'이 어느 정도이어야 하는 가다.

착실한 엄마 vs. 폭군형 엄마

오랫동안 많은 부모를 만나다 보니 '엄격한 부모'에는 두 가지 유형이 있다는 것을 깨달았다. 첫 번째 유형은 '착실한 엄마'다. 집안일도 빈틈없이 하고 아이의 숙제를 도와주며 학부모 활동도 열심히 하는 부모가 여기에 해당한다. 이런 사람은 자식을 매우 엄격하게 가르친다. 게다가 명령조가 아니라 '지금 숙제를 해두지 않으면 나중에 곤란한 일이 생길지도 모른다'며 조리에 맞게 설명하면서 아이를 지도하기 때문에 모범적이고 이상적인 엄마라고 할 수 있다.

다른 한 가지 유형은 '자기 멋대로인 폭군형 엄마'다. 아이를 위해서라기보다는 자신의 상황에 따라 할 일을 명령하는 부모가 여기에 해당한다. 가령 아이가 무엇을 하고 있는지 알아보지도 않고 "잠깐 이리 와서 식탁 좀 치워!" 하고 무조건 명령하거나, 엄마가 바쁘다는 이유로 "오늘 재활용품 내놓는 날이니까 분리 좀 해라"라고 명령하거나, 갑자기 "공부했니? 숙제는 다했어? 빨리 해!"라고 다그친다.

이처럼 조금도 민주적이라고 말할 수 없는 엄격함을 내세우는 부모도 많다. 사실 이렇게 하는 것에 익숙한 부모가 더 많지 않을까? 아마 여러분은 '논리에 맞게 아이를 지도하는 건 옳지만 잔소리만 늘어놓는 건 안 된다'고 생각할 것이다.

그런데 딸을 기를 때는 둘 다 '옳다'고 할 수 있다(주의해야 할 점은 아들은 다르다. 후자처럼 이치에 맞지 않게 되는 대로 명령하는 태도는 더욱 좋지 않다). 특히 딸이 어릴 때는 부모의 말을 잘 듣게 해야 좋은 습관을 들일 수 있다. 단, 엄마 말을 아무리 잘 듣는 딸이라고 해도 말도 안 되는 요구를 하면 안 된다.

"엄마는 백화점 세일하는 데 갈 테니까 너는 공부하면서 집 좀 봐라", "오늘 밤 엄마는 외출할 테니까 동생과 알아서 밥 먹어. 숙제는 꼭 해놓고…." 부모는 이런 식으로 말하면 안 된다.

사족일지 모르지만 여성의 가장 큰 매력인 '아름다움을 느끼는 감수성'은 가정교육에서 길러진다. 또한 여성의 '감수성'은 남성이 상상하지도 못할 만큼 수준이 높다. 남성의 정신적인 수준은 '어쩐지 알고 싶다. 분명하게 알고 싶다'는 의문을 밝히려고 행동하는 과정에서 향상되고 그 결과는 창조적인 지성으로 나타난다. 그에 반해 여성의 '감수성'은 배려를 기본으로, 늘 자신을 다스리는 습관에 따라 향상된다고 말해도 좋다.

딸의 인생은
습관으로 결정된다

∨∧∨∧∨∧∨∧∨∧∨∧∨∧∨∧∨∧∨∧∨∧∨∧∨∧∨

회사를 정년퇴직하고 시골에서 제2의 인생을 보내는 사람이 최근에 늘고 있다. 그런 사람들은 대부분 가족을 도시에 두고 혼자 시골에서 살기보다는 배우자와 함께 이사를 한다.

그런데 여기에서 잠깐 생각해보자. 남편과 아내 모두 시골 생활을 좋아하는 경우도 있지만 의외로 '배우자가 원해서 어쩔 수 없이 시골에서 살게 되었다'고 말하는 경우도 적지 않다. 그렇다면 어떤 부부가 새로운 환경에 더 빨리 적응할까? 남편이 따라간 경우일까, 아니면 아내가 따라간 경우일까?

아마 많은 사람이 "그야 아내가 따라간 경우죠. 여자가 훨씬 잘 적응하니까요"라고 대답하지 않을까? 그러나 정답은 '남편이 따라간 경우'다. 여자는 좀처럼 새로운 환경에 적응하지 못한다.

특히 친구들과 고급 음식점에서 점심을 즐겨 먹었거나, 백화점에서 쇼핑하는 걸 좋아했거나, 연극을 보러 다니는 등 도시생활을 만끽한 여성일수록 '예전에는 너무나도 편하고 즐거웠는데'라고 도시생활을 회상하며 좀처럼 시골생활에 적응하지 못한다. 이에 반해 남성은 처음 얼마 동안은 어리둥절해하지만 곧 지금까지의 도시생활을 '그런 생활도 있었지'라며 과거의 일로 떠나보낼 수 있다고 한다.

이런 사례가 의미하는 것은 무엇일까? 여성은 남성에 비해 훨씬 더 다양한 습관을 들이기 쉽지만 한번 몸에 밴 습관은 좀처럼 버리지 못한다는 것이다.

수도꼭지만 틀면 따뜻한 물이 콸콸 쏟아지는 편리한 생활에 익숙해지면 더는 찬물로 설거지를 하지 못한다. 인터넷으로 물건을 사는 습관이 들면 날마다 시장에 가서 물건 사는 일을 너무 힘들어한다. 이런 예는 수없이 많다. "한번 올라간 생활수준은 절대로 떨어지지 않더라"라며 진지한 얼굴로 이야기하는 사람 가운데는 남성보다 여성이 더 많다.

딸은 엄마의 잔소리에서 무언가를 배운다

이는 어른한테만 해당되는 이야기가 아니다. 오히려 아이는 더 쉽게 습관이 들고, 한번 습관이 되면 쉽게 고치지 못한다. 특히 여자아이는 더 그렇다. 식사 예절을 예로 들어보자. 젓가락으로 밥을 떠먹는다든지, 쩝쩝 소리를 내면서 먹는다든지, 의자 위에 발을 올려놓고 먹는 잘못된 행동을 내버려두면 그것이 습관이 되어 나중에 바로잡기가 무척 어렵다.

그렇다면 어떻게 해야 할까? 방법은 한 가지뿐이다. 부모가 일일이 지적하는 수밖에 없다. 그러나 아이의 행동 하나하나에 잔소리하는 일에 거부감을 느끼는 부모도 있을 것이다. '너무 잔소리만 해대면 남의 눈치만 보는 아이가 되지 않을까?' 하는 걱정이 들기 때문이다.

아들에게 '이렇게 해라, 저렇게 해라, 이러면 안 돼, 저러면 안 돼'라고 끊임없이 지적하면 아이가 차츰 위축되어 결국은 부모가 지시하지 않으면 아무 일도 못하게 될 위험성이 크다.

그러나 딸은 엄마의 잔소리에서 뭔가를 배운다. 가령 '엄마는 늘 밥 먹는 자세 때문에 잔소리를 하시는구나. 그렇다면 할머니네 가서도 바른 자세로 밥을 먹어야 되겠다'는 식이다.

예절 교육을 엄격히 한다고 소문난 여학교를 나온 어른 중에 '당시에는 일일이 간섭하는 게 정말 싫었지만 지금은 엄격하게 교육시켜 준 것에 감사한다'고 회상하는 사람이 많은 것도 여성이 쉽게 습관을 들인다는 증거다.

단, 여러분도 경험했겠지만 "너를 위해서 하는 말이야"라는 생색내기식의 말은 역효과를 부르기 쉽다. 오히려 가끔 만나는 할머니나 친구의 엄마처럼, 가족 이외의 사람에게 "○○는 밥 먹는 태도가 정말 좋구나" 같은 칭찬의 말을 들으면 '아, 엄마 말이 맞구나. 정말 이렇게 해야 하는구나. 늘 이렇게 해야지' 하고 스스로 다짐하게 되어, 엄마가 시끄럽게 잔소리할 때보다 더 큰 효과를 볼 수 있다. 그러므로 주위 사람들의 협조를 얻는 것도 좋은 방법이다.

예절 바른 아이가
머리도 좋다

아이가 '예절 바르게 행동할 줄 아는' 것은 그 아이의 능력과 관계가 깊다. 이것을 설명하기 전에 먼저 '예절 바르다'와 '예절 바른 행동을 할 줄 안다'의 차이점을 살펴보자.

새삼스럽게 말할 것도 없이 '예절 바르다'는 뜻은 행동거지가 바르다는 것이다. 결코 수선스럽지 않고, 욕은 말할 것도 없고 천한 행동도 절대로 하지 않는 아이를 보고 '예절 바르다'는 말을 한다.

다른 아이들이 떠들고 있어도 조용히 웃기만 할 뿐 섞여 애기하지 않는 아이가 있다고 치자. 다른 아이들은 그 애와는 어울리면 안 될 것 같다는 생각을 한다. 이렇게 함께 있는 것만으로도 상대방까지 자세를 바로잡게 만드는 예의 바른 아이는 부모들이 '우리 애랑 친구 했으면' 하고 바라는 아이일지는 모르지만, 너무 딱딱하게 느껴져 아이들이 멀리할 수 있다.

이에 반해 '예절 바른 행동을 할 줄 안다'는 것은 필요에 따라 예절 바르게 행동할 수 있다는 뜻이다. 친구네 집에 가서 놀 때 다리를 뻗고 편하게 앉아 있다가도 친구 부모님이 들어오시면 즉시 자세를 바르게 해서 "안녕하세요, ○○ 친구입니다"라고 말할 줄 아는 아이. 이런 아이는 똑똑하다고 할 수 있다. 그렇지만 집에서나 밖에서나 똑같이 엉망으로 행동하는 아이는 '어리석다'는 말을 듣기 쉽다.

성적보다 배우려는 태도가 더 중요하다

'예절 바르다'는 것은 매우 중요한 문제다. 그렇지만 언제 어디서나 예절 바르고 우아하다면 어떨까? 자신이 속해 있는 사회가 진정한 상류사회이고, 주위 사람들이 모두 기품 있고 예절 바른 세계에 살고 있다면 이야기는 달라진다.

그러나 보통사회에 살면서 언제 어디서나 예절 바르게 행동하면 '도도하다', '자기만 다른 세계에 산다고 착각한다'는 오해를 받고, 최악의 경우에는 '좀 이상한 애 아니야?'라는 소리까지 들을 수 있다.

그렇다고 '밥맛이야. 재수 없다' 같은 비속어를 쓰는 아이들하고만 어울려서 칠칠맞지 못하게 행동하는 것도 문제다. 재빨리 상황에 맞게 판단해서 행동하려면 주위를 냉정하게 관찰하는 능력과 상황판단 능력이 뛰어나야 한다.

이 두 가지 능력은 공부할 때도 매우 중요하며, 이 능력으로 아이의 머리가 좋은지 나쁜지 가늠할 수 있다. 그러므로 '관찰력'과 '판단력'은 지성의 원천이며 척도라 할 수 있다.

때때로 어른도 상황에 맞지 않는 행동을 하는데, 그런 사람은 '교양이 없다'든지 '잘 못 배운 사람'이라는 취급을 받기 쉽다. 이것이야말로 '예절 바르게 행동할 줄 모르는 아이의 말로'라고 생각하면 된다. 상황판단을 정확히 할 줄 알고 말과 행동을 가려서 할 줄 아는 능력은 똑똑함과 교양, 그리고 성장과정이 어땠는지를 가늠할 수 있는 기준이 된다.

많은 아이들을 지도하다 보면 가끔 예절 바르지 않은 아이를 만날 때가 있다. 이런 아이는 인사를 할 줄도 모르고, 친구에게 말하듯 어른에게 말하며 '남에게 뭔가 배울 태도'가 전혀 안 되어 있다. 이런 아이를 만나면 먼저 '부모는 이 사실을 알까?' 라는 생각을 하게 된다.

기본적인 예절은 어떻게 가르칠까?

예절은 기본적으로 가정에서 가르쳐야 한다. 그렇기 때문에 가정에서 예절을 배우지 못한 아이는 정말로 불쌍해 보인다. 학원 선생님들에게 예의 없는 아이의 예절 교육을 부탁하는 것도 무리가 있다. 그리고 학원 선생님도 사람인지라 예의 바른 아이에게 하나라도 더 가르쳐주고자 한다. 재능이 뛰어난 아이라면 몰라도 그렇지 않은 경우, 내용을 깊이 있게 배울 수 있느냐 없느냐는 아이의 행동에 달렸다고 말해도 좋다.

그렇다고 가정에서 존댓말을 쓰라고 강요하라는 뜻은 아니다. '재수 없다, 짜증 난다' 같은 말만 쓰는 친구들과 사귀지 말라고 말하는 것도 아니다. 집에서는 점잖고 바르게 행동하지만 밖에 나가서는 나름대로 아이들과 어울릴 줄 알고, 학교에서는 친구들끼리 유행어로 말을 해도 집에 돌아오면 '다녀왔습니다'에서부터 '안녕히 주무세요'까지 올바른 말을 쓸 줄 아는 등 때와 장소에 맞게 말과 행동을 가려서 할 줄 알면 된다.

이는 특히 주위의 영향을 쉽게 받는 여자아이에게 더욱 중요하다. 스스로 절도 있게 행동할 줄 아는 아이는 관찰력과 상황 판단력이 뛰어나게 되어 결과적으로 당연히 똑똑해진다.

'여자답게'보다
'현명하게' 키워라

'여자는 늘 한걸음 뒤로 물러나 남자를 세워주고, 윗사람을 공경해야 한다. 자기주장을 하다니 당치도 않다' 21세기가 된 지금, 진지한 얼굴로 이런 여성상을 꿈꾸는 사람은 아무도 없을 것이다.

그럼에도 "남자는 뭐니 뭐니 해도 조신하고 순종적인 여자를 좋아해. 좋은 회사에 취직하고 좋은 집안에 시집가는 건 결국 이런 여자더라"라고 말하는 부모가 여전히 많다는 것은 놀라운 일이다.

실제로 중고생들에게 물어보면 "아, 제 주변에도 순종적이고, 조신한 여자애 있어요"라고 대답한다. 이 얘기를 나이든 어른이 들으면 "아직도 그런 여자다운 여자가 있다니!" 하며 의아해할지 모른다. 그러나 요즘 시대에는 '여자다운 여자'를 어떻게 표현하는지 아는가? '우물쭈물댄다'뿐만 아니라 '자신감이 없다', '머리가 나쁘다'는 식으로 아주 부정적으로 표현한다. 이것은 여자아이끼리만 내리는 평가가 아니다. 남자아이들도 '분명하지 않거나 우물쭈물거리는 여자애는 싫다'며 멀리한다.

실제로 구태의연한 '여자다운 여자'아이들을 또래 아이들이 어떻게 느낄지는 그런 아이들과 하루만 같이 지내보면 알 수 있다. 우선 '여자다운 여자'애들에게는 자기 의견이 없다. "어떻게 할래?"하고 물으면 "아무래도 좋아요"라며 방긋 웃는다. "너는 어떻게 하고 싶은데?"라고 다시 물으면 "글쎄… 음… 다른 사람한테 맞출게요"라고 대답한다. 이쯤 되면 물어보는 사람은 속이 터진다. "그러니까 네가 하고 싶은 건 뭐냐고?"라고 몰아붙이면 그때는 "잘 모르겠어요"라며 입을 다물어 버리거나 눈물을 흘린다.

물론 천성적으로 내성적이고 부끄러움을 많이 타는 성향일 수도 있다. 하지만 '부모 말을 잘 듣는 아이가 착한 아이다' 혹은 '여자는 얌전해야 한다', '여자는 조신해야 한다'라는 교육의 영향일 수도 있다는 사실을 간과해서는 안 된다. 어른들이 무의식적으로 하는 말이 아이에게는 절대적인 영향을 미친다. 엄한 훈육을 하는 가정일수록 더욱 그렇다.

자신의 의견을 현명하게 주장하는 법을 가르쳐라

빨리 의사결정을 내려야 하는 상황에서 '저는 아무것도 몰라요' 또는 '알아서 결정해주세요'라는 마인드로 일관하는 아이와 같이 있어보라. 이런 상황은 상당히 답답하다. 그런 아이들의 특징은 '그 자리를 주도하는 강한 사람을 따른다'는 것이다.

만약 이것이 '남자아이는 순종적인 여자를 좋아한다'고 계산해서 한 행동이었다면 '착각은 자유'라고 타이르겠지만, 그런 계산조차 할 줄 모르는 여자아이들은 늘 누군가 결단을 내려주기만을 기다리고, 자신은 그저 결정에 따르면 된다고 생각한다. 우유부단하기만 해서 자신의 의견이 없는 것이다.

자기주장이 강한 여성을 싫어하는 남자도 물론 많다. 그러나 여기에서 오해하지 말아야 할 것은 '분명하게 자신의 의견을 말하는 여자를 싫어하는 남자' 중에는 남의 의견을 귀담아 듣지 않으려는 보수적인 인간이 많다는 사실이다. 아무리 학벌이나 사회적 지위, 경제력이 뛰어나다고 해도 그런 사람과 생활하는 게 과연 행복할까?

자신의 의견을 주장하는 것도 인생을 행복하게 살기 위한 조건에 포함된다. 그렇다고 큰소리로 자기 의견을 주장하고, 무조건 밀어붙여야 한다는 뜻은 아니다. 현명한 여성은 가족여행을 어디로 갈지 정할 때, "어디로 갈까? 바다로 가면 파도소리를 들을 수 있어 좋고, 산으로 가면 석양과 일출을 볼 수 있어 좋은데, 너는 어디로 가면 좋겠니?"라고 상대방을 유도하면서 자신의 의견을 주장한다.

직장에서도 강경한 태도로 교섭에 나서는 터프한 협상전문가보다 상대의 의견을 존중하는 것처럼 보이면서 사실은 자신의 생각대로 이끌어가는 노련하고 부드러운 협상전문가가 앞으로는 더욱 빛을 발할 것이다.

여자아이의 판단력을 길러주는 대화의 기술

그러면 이와 같은 현명함은 어떻게 길러줘야 할까? 가장 좋은 방법은 모든 상황에서 아이의 의견을 잘 들어주는 것이다. 휴가를 갈 곳에서부터 커튼 색, 저녁 메뉴, 다음 날 입을 옷에 이르기까지 일일이 아이에게 "너는 어떻게 하고 싶니?"라고 물어본다. 그렇다고 아이의 의견을 무조건 들어주면 무엇이든 자기 뜻대로 하는 폭군이 될 수 있다. 이때 아이의 의견을 들으면서 "엄마는 이렇게 생각해. 왜냐하면…" 하고 설명한 다음, 다시 한번 "너는 어떠니?" 하고 묻는 것이 좋다.

이렇게 하면 아이는 자신이 어떻게 하고 싶은지, 자기의 의견에 정당성이 있는지 곰곰이 생각한 다음 결단을 내린다. 이 방법은 싫든 좋든 우격다짐으로 부모의 의견을 강요하는 것에 비하면 확실히 시간이 더 많이 걸린다. 그러나 아이에게 '판단력'을 길러주기 위해서는 반드시 거쳐야 할 단계다. 이 점을 명심하기 바란다.

미디어에 휘둘리지
않는 법을 가르쳐라

∨∧∨∧∨∧∨∧∨∧∨∧∨∧∨∧∨∧∨∧∨∧∨∧∨∧∨∧∨∧

"우리 집은 텔레비전도 컴퓨터도 없어"라든가, "텔레비전은 9시 뉴스 외에는 거의 보지 않는다"라는 사람이 있다면 어떻게 생각하겠는가? 놀랍기도 하고, 존경스럽기도 하지만, 결국 '특이하네'라고 생각하지 않을까? 우리는 세계 정세나 유행 등 정보 대부분을 텔레비전이나 컴퓨터를 통해 습득한다. 오늘날 이것들은 미디어인 동시에 생필품이기도 하다.

텔레비전과 컴퓨터는 성격이 다르기 때문에 우선 텔레비전부터 다루어보자. 여자아이들에게 텔레비전은 좋아하는 연예인을 만나는 수단이다. '텔레비전은 바보상자다. 시시하고 볼 가치가 없다'라고 무시할 수만은 없다. 텔레비전이 가진 동시성의 가치를 부정하는 것은 상당히 위험한 동시에 거만한 태도다. 괜히 미디어면서 생필품이라고 말하는 것이 아니다.

특히 여자아이의 세계에서 텔레비전은 더욱 중요하다. "지금 무엇이 유행인가?"라는 주제로 말할 거리가 없는 여자아이는 친구와 원활한 커뮤니케이션을 하기 어렵다. 물론 지금은 컴퓨터와 스마트폰에 밀리고 있지만, 화제가 되는 텔레비전 드라마나 예능 프로그램, 음악 방송 등은 빠질 수 없는 대화 주제다. 화려한 세상을 동경하는 여자아이들은 특히 연예계에 마음을 빼앗기는 일이 잦다. 특히 최근에는 비교적 평범한 외모임에도 주목받는 연예인이 많기 때문에 "기회만 잡으면 나도 가능하다"라고 생각하는 아이도 적지 않다.

반면 아이가 푹 빠져드는 대상이 아무것도 없으면 너무 일찍 성숙하여 귀여운 맛이 없다고 생각하는 사람도 있을 것이다. 어린 여자아이가 텔레비전 애니메이션을 보고 변신 장면을 흉내 내거나, 아이돌 흉내를 내며 노래를 부르고 춤을 추면 귀여워 보인다. 하지만 솔직히 말해서 초등학교 고학년이 되어서도 그러는 아이를 보면 걱정이 된다. 왜냐하면 미디어가 내보내는 왜곡된 아름다움을 사실로 여겨 지금의 자신을 변화시키려고 하기 때문이다.

　이런 아이들은 가정 내에서 자신의 본질을 인정받지 못하고 사랑받지 못한다고 여기는 경우가 많다. 그리고 이런 경우 부모가 바쁘거나 부모와의 관계가 소홀하여 미디어에 빠져 있는 시간이 많은 아이가 대부분이다.

외로운 아이가 미디어에 쉽게 빠진다

애초에 미디어에 속은 적이 없는 사람은 존재하지 않는다. 누구나 속은 기억이 있을 것이다. 미디어의 본질은 우리가 공유하지 않고 있는 개념을 공유하고 있다고 착각하게 여기는 것이다. '사람들과 공유할 수 있는 것이 거의 없다'라고 느끼는 외로운 아이가 미디어에 쉽게 끌린다.

　"지금 이대로의 너라도 좋아", "지금 이대로의 너는 몹시 귀엽고 사랑스럽다" 같은 말을 들으며 자란 아이는 텔레비전이나 미디어의 정보를 걸러서 듣는다. '텔레비전 속에서 벌어지는 세상과 나는 달라'라는 사실을 제대로 인식하고 있기 때문이다. 가령 텔레비전에서 "지금 젊은이들에겐 ○○이 대유행!"이라는 소식을 듣고도 "○○이 유행이군. 하지만 나는 관심 없어"라고 냉정하게 대할 수 있다. 또한 또래 여자아이들이 주목을 받더라도 "나도 저렇게 되고 싶어!"라고 생각하지 않는다.

잠도 자지 않고 아이돌 데뷔에 매진하는 어린아이들도 고민스러운 존재다. 연예계에서 활약하는 젊은 여자아이들을 부정할 생각은 없다. 반복해서 말하지만, 고학력이 인생을 결정짓는다고도 생각하지 않는다. 다만 10대 중반의 나이에 아침부터 저녁까지 텔레비전에 나오는 모습을 보면 "학교 공부는 어떻게 할까?", "5년 뒤에 이 아이는 어떻게 될까?"라는 걱정이 앞선다.

그나마 주목을 받는 아이는 낫다. 어린 나이에 공부도 제쳐두고 좋은 책을 읽거나 좋은 음악을 들을 시간도 없이 내일의 스타를 꿈꾸며 오디션을 쫓아다니는 아이나, 좋아하는 연예인이 입은 옷을 그대로 따라 입은 아이를 보면 그 아이의 미래를 걱정하지 않을 수 없다.

한편, 이제는 인터넷이 텔레비전보다 더 거대한 미디어가 되었다. 심지어 컴퓨터가 필수이던 시절은 이미 지나갔고, 개인이 가지고 다니는 스마트폰이나 태블릿을 통해 순식간에 세계와 연결되는 시대다. 어린아이가 스마트폰을 능숙하게 조작하고, 동영상을 보고 있는 광경은 드문 일이 아니다.

그러나 텔레비전은 적어도 관할 부처가 있고, 방송국이라는 대기업이 제작하는 것이기 때문에 가짜 뉴스를 방송하는 일은 거의 없다. 하지만 인터넷은 다르다. 사실인 것처럼 꾸민 유언비어를 뻔뻔하게 방송하거나, 타인을 공격하는 모습을 자랑스럽게 공개하거나, 타인을 속여서 돈을 빼앗으려 하거나, 단지 타인을 불쾌하게 하려고 콘텐츠를 제작하기도 한다.

'인터넷 세상은 온갖 부정적인 것으로 가득하다', '아이에게 인터넷은 해악일 뿐이다', '완전히 차단해야 한다'라는 생각이 통용되던 시기는 이미 지났다. 좋든 싫든 인터넷 없이 생활할 수 없는 상황에 놓여 있는 게 현실이다.

텔레비전과 인터넷을 비롯해 지금은 온갖 정보가 넘쳐나는 시대다. 정보를 얻는 것은 오늘을 살아가는 사람들에게 필수라는 점은 확실하다. 하지만 그런 만큼 정보를 취사선택하는 지혜와 미디어가 제공하는 모든 정보를 사실로 받아들이지 않는 냉정함이 필요하다. 무비판적으로 너무 많은 정보를 수용하면 사물을 판단할 힘을 잃게 되고 유행만 좇는 경박한 사람이 되거나, 심지어는 자신의 본질을 잃어버릴 수도 있다.

아이에게 정보를 선별하는 방법과 미디어로부터 거리를 두는 방법을 알려줄 사람은 부모밖에 없다. 자녀에게 미디어와 올바르게 관계를 맺는 방법을 가르치기 위해서라도 부모가 미디어를 너무 신봉하지 않도록 해야 한다.

오빠가 있는 여자아이는
똑똑하다

∨∧∨∧∨∧∨∧∨∧∨∧∨∧∨∧∨∧∨∧∨∧∨∧∨∧∨

많은 아이들을 지도하면서 '공부 잘하는 아이의 법칙'을 몇 가지 발견했다. 그중에서 형제자매에 관한 것이 두 가지 있다. 하나는 '누나가 많은 사내아이는 오히려 손해'라는 것이고, 다른 하나는 '오빠가 있는 여자아이는 똑똑하다'는 것이다.

이 책의 주제에서 조금 벗어났지만, 먼저 전자부터 설명하겠다. '누나가 많은 사내아이는 오히려 손해.' 위로 누나만 있고 막내가 아들인 경우가 여기에 해당한다. 미리 이야기하지만, 이런 남자는 여자들에게 인기를 얻을 가능성은 크다. 여자의 독특한 심리와 특성, 취향을 어려서부터 가까이서 보고 자라 잘 이해하기 때문이다.

반면 남자아이의 특성인 역동성과 결단력은 기르기 어렵다. 누나들에게 어린 남동생은 그야말로 살아 있는 인형 같은 존재다. 누나들은 엄마 대신 동생을 살뜰하게 보살펴준다. 그런데 이것이 오히려 나쁜 영향을 미친다.

엄마는 '이 이상 도와주면 아이의 자립심을 기를 수 없다'는 선을 그을 줄 알지만, 누나들은 어리기 때문에 그 선을 조절할 줄 모른다. 게다가 나이가 들어도 동생을 어린애 취급해서 하나에서 열까지 나서서 일일이 도와준다. 그렇게 자란 사내아이는 자기 일을 알아서 하지 못하고 스스로 결정하지 못하는 남자가 된다. 속된 말로 이런 남자는 자라서 '마마보이'라는 소리를 듣고, 밥맛없는 남자의 전형이 되어버린다.

딸부터 낳고 그다음에 아들을 낳은 부모는 누나가 동생을 돌보는 것은 매우 바람직한 일이라고 생각해서 그냥 두기 쉬운데, 너무 지나치지 않도록 늘 신경 써야 한다.

이에 반해 '오빠가 있는 여자아이'는 똑똑한 여자가 될 확률이 높다. 이것은 '아들과 딸의 특성'이 다르다는 점과 관련이 많다. 딸은 주변의 사소한 일에 세심하게 반응하고, 자질구레한 것을 많이 찾아내지만 아들은 멀리 있는 것을 대략적으로 파악하고 자신의 것으로 만들어간다. 이것은 어느 쪽이 더 낫다는 말이 아니다. '멀리 있는 정보를 수집하지만 주위에서는 얻을 수 없는 경험을 쌓는 것'과 '가까이에 있어서 놓치기 쉬운 것을 관찰하는 능력'을 모두 가질 수 있다면 그것은 인생을 여유 있게 보내는 데 큰 무기가 될 것임이 틀림없다.

남자를 보는 눈이 생긴다

'오빠가 있는 여자아이'는 대부분 똑똑해진다. 오빠는 멀리까지 나가서 많은 정보를 모으고 다양한 경험을 쌓아 집으로 돌아온다. 여동생은 오빠가 해주는 이야기를 들으면서 마치 자신이 경험한 것처럼 먼 곳의 정보를 얻을 수 있고 새로운 것을 배울 수 있다. 친절한 오빠라면 여동생을 데리고 나가기도 하므로 보통 여자아이가 경험하지 못하는 것까지 경험할 수 있다.

그래서 '오빠가 있는 여자아이'는 사내아이만의 폭넓은 정보와 경험을 얻을 수 있을 뿐 아니라, 여자아이만의 아기자기함도 갖출 수 있다. 이렇게 되면 그야말로 도깨비에게 금방망이를 쥐어준 것과 같지 않겠는가?

또 한 가지 이점은 '남자를 보는 눈이 생긴다'는 것이다. '여자의 행복은 남자 손에 달렸다'는 말을 하려는 건 아니지만 이상하게도 이 세상에는 똑똑한 여성일수록 못난 남자를 만나는 경우가 많다. 생활능력이 없는 공상가를 먹여 살리거나, '거친 남자야말로 남자다운 남자'라고 착각하는 사고뭉치를 멋있다고 오해해서 따라다닌다. '내가 곁에서 따뜻하게 감싸줘야 한다'는 보호본능 때문이다. 남자 곁을 떠나지 못하는 여성 중에 고학력에다 일도 잘하는 똑똑한 여성이 많다는 것은 실로 놀라운 일이다.

이런 여성들은 대부분 외동딸이거나 자매끼리 자랐다. 이런 경향은 가까이에 나이 차가 많지 않은 남성 모델이 없는 환경이 그녀의 '남자를 보는 눈'을 가려버렸기 때문에 생겨난다.

남자라는 존재는 어떻고, 어떤 장점과 결점이 있는지, 진정한 의미에서 똑똑한 남자는 어때야 하는지, 자신이 행복해지기 위해서는 어떤 남자를 배우자로 골라야 하는지, 이런 것들을 배우기 위해서라도 딸 주위에는 어려서부터 또래 사내아이들이 있는 것이 좋다. 이때 가장 좋은 모델케이스가 바로 오빠와 오빠 친구들이다.

하지만 이제 와서 없는 오빠를 만들 수는 없다. 이럴 때 가장 좋은 방법은 여자아이를 어렸을 때부터 적극적으로 남자아이들과 어울려 놀게 하는 것이다. 만일 남자 형제도 없고, 남자아이들과도 잘 어울리지 못한다면 중학교까지는 남녀공학에 다니게 해서 남자와 어울릴 기회를 만들어주어야 한다. 거칠고 덜렁대는 여자가 되지 않을까 하는 걱정을 덜고도 남을 만큼 아주 긍정적인 결과가 있을 것이다.

그러나 남자아이의 난폭함을 싫어하는 여자아이도 있을 것이다. 그런 여자아이에게 억지로 남자아이들과 어울리라고 강요하는 것은 좋지 않다.

여자아이는 흉내 내며
창의력을 키운다

누가 가르쳐주지도 않았는데 사내아이와 여자아이는 노는 방법이 다르다. 유치원이나 보육원에서 아이들이 자유롭게 노는 광경을 본 적이 있는 사람이라면 누구나 그렇게 느낄 것이다. 물론 사내아이와 여자아이가 함께 놀 때도 많다. 하지만 대부분 각자의 특성을 살려서 완전히 다른 식으로 논다.

예를 들어 진흙탕에서 놀 때, 사내아이는 흙탕물을 튀기거나 그 안에 빠져서 노는 반면, 여자아이는 진흙을 동그랗게 굴려서 구슬을 만들면서 논다. 물론 여자아이처럼 흙구슬 만들기에 열중하는 사내아이도 있긴 하다.

이처럼 자연스럽게 둘로 나뉘는 '사내아이의 놀이, 여자아이의 놀이' 중에서 사내아이들이 '정말로 뭐가 재미있다는 건지 전혀 모르겠다!'고 생각하는 놀이가 무엇인지 알고 있는가? 그것은 바로 소꿉놀이와 흉내 내기다.

남자아이와 여자아이가 뜯어온 잡초를 도마 위에 올려놓고 장난감 칼로 잘라 냄비에 넣고 작은 주걱으로 뒤섞은 다음 사람 수대로 그릇에 담아서 '자, 드세요' 하며 소꿉놀이를 한다. 처음에는 잘 놀던 남자아이도 소꿉놀이 도중에 싫증이 나서 어딘가로 휙 가버린다.

그러나 여자아이들은 다르다. 똑같은 놀이를 되풀이하면서도 싫증내는 법이 없다. 인형을 아기 삼아 돌봐주고, 누군가 병에 걸렸다는 설정을 해놓고 간호하는 흉내를 내면서 소꿉놀이는 끝없이 계속된다.

흔히 '소꿉놀이 하는 애를 보면 그 집 사정을 알 수 있다'고 말한다. 엄마가 늘 "빨리빨리" 하고 다그치는 집 아이는 소꿉놀이를 할 때도 "빨리빨리"라는 말을 자주 써서 엄마의 성격을 그대로 보여주기도 하고 그 집의 식사예절에서부터 부부간의 대화까지 알 수 있게 한다. 그래서 간혹 소꿉놀이를 못하게 말리는 엄마도 있는데, 이 놀이만큼은 반드시 계속하게 해야 한다.

소꿉놀이를 비롯한 흉내 내기 놀이를 결코 못하게 해서는 안 된다. "소꿉놀이 같은 건 유치원 애들이나 하는 놀이야. 이제 초등학생이 되었으니까 그런 놀이는 졸업해야지?"라는 말도 엄청나게 실수하는 말이다. 여자아이들에게 적극적으로 시켜야 할 놀이이고, 또 꼭 필요한 놀이가 바로 소꿉놀이다.

여러분은 학습에 꼭 필요한 것은 무엇이라고 생각하는가? 가능하면 긴 시간 동안 공부해서 많은 지식을 머릿속에 쌓아두는 것이라고 생각하는 사람도 있을 것이다. 물론 맞는 말이다. 그렇다면 많은 지식을 머릿속에 쌓아두는 방법은? 많이 외우는 것이라고 생각하는 사람이 있을 것이다. 하지만 '주입식 학습, 암기식 학습'은 아이의 능력을 망치는 지름길이다.

여자아이들에게는 '모방 능력'이 반드시 필요하다

그러면 학습에 꼭 필요한 것은 무엇일까? 그것은 바로 '흉내 내는 능력'이다. 피아노든 그림이든 운동이든 '좀 더 잘하고 싶다'는 생각이 들었을 때 자기보다 뛰어난 사람을 찾아서 그 사람의 흉내를 내는 것이 가장 좋은 방법이다. '흉내'를 부정적으로 받아들이는 사람이 있는데, 흉내는 여자아이들에게는 절대로 부정적인 영향을 주지 않는다.

흉내를 내기 위해서는 무엇보다 관찰을 잘해야 한다. 관찰을 하다 보면 잘하는 사람이 하는 방법과 내 방법이 어디가 다른지 냉정하게 찾아낼 수 있다. 흉내를 잘 내게 되면 '이렇게 해보면 어떨까?' 하고 자기 나름으로 생각을 더해간다. 이것은 공부하는 데 가장 필요한 능력이다.

이런 능력을 기르는 기초가 바로 흉내 내기 놀이다. 먼저 아이는 엄마가 하는 일을 관찰하고, 그것을 흉내 내며 논다. 이것은 놀면서 관찰력을 기르는 것과 같은 효과가 있다.

더구나 '내가 엄마라면 이렇게 하겠다'는 상상력을 발휘해서 자기 나름으로 '엄마의 모습'을 연기한다. 흉내 내기는 분명 그림을 그리거나 피아노를 치는 것 같이 자신의 능력을 키우는 예술 활동을 하는 것과 같아서 인간성을 좋게 하고, 자기 자신을 성장시키는 매우 중요한 놀이가 된다.

여기서 얻을 수 있는 또 한 가지 효과는 흉내 내기를 하는 아이를 보면서 부모는 아이가 지금 무엇에 흥미를 갖고 있는지 알 수 있다는 점이다. 자기보다 어린 사람을 사랑하는 마음이 자라는 시기에는 인형을 아기 삼아 '엄마 놀이'를 하고, 슈퍼마켓 계산대에 흥미를 느끼는 시기에는 '가게 놀이'를 한다. 주사나 청진기에 흥미가 있거나 의사나 간호사를 동경하는 시기에는 '의사 놀이'에 열중한다.

놀고 있는 아이를 자세히 관찰해서 어떻게 하면 아이의 호기심을 더 끌어낼 수 있을지 궁리하면 놀이의 범위가 확장되고 깊이도 깊어져 아이의 '창의력'은 틀림없이 눈부시게 향상될 것이다. 또 발레를 보러 간다든지, 수족관에서 돌고래 쇼를 보는 등 새로운 경험을 많이 하게 해줄수록 흉내 내기 놀이의 폭이 넓어진다.

'어린아이가 하는 놀이'라든지, '집안 사정이 알려져서 부끄럽다'는 부정적인 생각은 그만하자. 아이가 무엇에 흥미를 보이는지 정확하게 찾아내서 좀 더 다양하게 흉내 낼 수 있게 해야 한다. 여러 곳에 데려가서 새로운 세상을 보여주는 등 아이가 더욱 다양하게 흉내 낼 수 있도록 부모가 머리를 짜내야 한다. 왜냐하면 흉내 내기야말로 여자아이를 더욱 성장시켜서 가지고 있는 능력을 길러주는 최고의 교육수단이 될 귀중한 경험이기 때문이다.

흉내 내며 성장할
환경을 조성하라

∨∧∨∧∨∧∨∧∨∧∨∧∨∧∨∧∨∧∨∧∨∧∨∧∨∧∨

앞에서도 말했듯 어린아이는 '흉내 내기'를 좋아한다. 남자아이든 여자아이든 영웅을 흉내 내거나 만화영화의 변신 장면처럼 핵심적인 행동을 집어내서 흉내를 낸다. 친척이나 친구들이 놀러왔을 때 아이에게 "그것 좀 해봐라"라고 시켜서 분위기를 북돋운 경험은 누구나 있을 것이다.

남자아이는 초등학교에 들어갈 무렵이 되면 영웅 흉내를 내지 않지만, 여자아이는 상황이 조금 다르다. 사내아이와 마찬가지로 영웅이나 만화 주인공 흉내는 내지 않지만 이번에는 아이돌 스타나 좋아하는 가수 등 연예인 흉내를 낸다. 개중에는 만화(유아용이 아니라 어린이 만화)에 빠져서 주인공의 인상적인 대사를 외우고 다니는 아이도 있다.

나는 아이가 텔레비전이나 연예인, 만화에 너무 깊이 빠지는 것은 부모의 관심이 부족하기 때문이라고 생각한다. 특히 연예인이나 가수, 만화 주인공 흉내를 내는 아이 중에는 외로움을 잘 타는 아이가 많다. 아이가 나름대로 주위 사람들의 시선을 끌려고 애쓰는 것은 '나를 봐 달라'는 신호다. 만일 여러분의 아이가 텔레비전에 나오는 연예인 흉내만 내고 있다면 아이와 함께 있는 시간을 늘리고 대화도 많이 나누도록 하자.

지금 일류 운동선수 중에는 어려서부터 위대한 선배 흉내를 내면서 열심히 노력했다고 말하는 사람이 많다. 요즘 같으면 메이저리거의 타격 자세를 흉내 내는 어린이 야구 꿈나무들이 많을 것이다. 운동할 때 뛰어난 선수의 폼을 흉내 내면서 연습하는 것은 매우 바람직한 현상이다.

동경의 대상을 찾아라

특히 여자아이는 '따라하고 싶은' 대상을 찾아내는 능력이 뛰어나다. 바꿔 말하면 동경의 대상을 찾아내는 것을 좋아하고, 그 사람과 자신을 동화시키려는 경향이 강하다. 앞에서도 이야기했지만 텔레비전에 나오는 아이돌 스타나 만화 주인공 흉내를 내고 싶어 하는 것도 그런 성향 때문이다. 동경의 대상을 찾아내서 그 사람과 자신을 동화시키려는 딸의 특성을 잘 활용하면 아주 좋은 결과를 얻을 수 있다.

앞서 소개한 운동선수의 예뿐만 아니라 나이 든 여성의 아름다운 행동을 보고 흉내 내거나 피아노를 잘 치는 아이를 동경해서 그 아이처럼 연습하는 것은 좋은 예다. 몇몇 친구들과 똘똘 뭉쳐서 노는 것도 그 아이들과 동화되고 싶은 마음의 표현인 경우가 많으므로 부모는 긍정적인 영향을 주고받을 수 있는 친구들과 사귀게 하고 아이가 동경할 만한 사람들과 만날 기회를 많이 만들어주는 것이 중요하다.

그렇지만 모범이 되는 사람을 늘 만날 수 있는 것은 아니다. 이럴 때는 텔레비전을 잘 활용하면 좋다. 아이마다 좋아하는 만화나 드라마, 음악 프로그램, 개그 프로그램 등이 있는데 이것을 그냥 틀어놓기만 하면 아이는 텔레비전이라는 미디어에 빠져 연예인 흉내나 내는 정도로 끝난다. 그보다는 운동선수나 피아니스트, 화가 같은 예술가들을 밀착 취재해서 그들의 생활을 그린 다큐멘터리를 보여주는 것이 좋다. 아이가 흥미

있어 한다면 매우 좋은 교본이 될 것이다.

맹인안내견 트레이너에 대한 다큐멘터리를 보고 강아지 다루는 법을 배운 아이가 있었는데, 이것은 여자아이만의 독특한 특성으로 '동경의 대상과 동화하고 싶은 마음'이 작용한 예라고 할 수 있다. 딸아이가 관심을 보이는 분야에 관한 교본을 적절히 보여주어서 흉내 내면서 배우게 하는 게 좋다. 이런 기회를 만들어주려면 부모 역시 텔레비전 같은 미디어를 제대로 이용할 줄 알아야 한다.

딸아이와
표정으로 대화하라

부모라면 누구나 자기 자식에게 '사랑스럽다'는 감정을 느끼는데, 사실 아들과 딸에게 느끼는 '사랑스러움'은 각각 조금 다르다. 사내아이는 어른 눈에는 시시해 보이는 일에 푹 빠지고, 별것 아닌 일에 필사적으로 매달리며, 밖에서 흙투성이가 되어 놀면서 촐랑촐랑 바쁘게 돌아다닌다.

"우리 애는 한시도 가만히 있지 못해요. 그래서 공부를 못하나 봐요."

이런 고민을 털어놓는 분이 많은 것도 사실이다.

그러나 '바쁘게 움직이는 모습'이 바로 사내아이의 진정한 사랑스러움이고 매력이며 장래 크게 성장하는 데 빼놓을 수 없는 잠재력이다. 그렇기 때문에 나는 기회 있을 때마다 아들을 둔 부모는 아이가 어렸을 때 충분히 많은 것을 경험할 수 있게 도와주고, 마음껏 돌아다니게 해야 한다고 소리 높여 주장한다.

그러면 딸은 어떨까? 앞에서도 이야기했지만 여자아이는 어른이 무심코 지나치기 쉬운 사소한 일뿐 아니라 생활 속에서 예쁘고 귀여운 것을 찾아내 눈을 반짝이는 '반지름 50미터 이내의 관찰력'과 '감수성'을 가지고 있다.

그리고 어떤 의견이든 양쪽 다 받아들일 수 있는 '포용력'이 뛰어나다. 여자아이를 보고 '사랑스럽다'고 느낄 때는 아이가 이런 특성을 보일 때가 아닐까? 이러한 여자아이만의 매력은 인간관계를 중시하는 사회생활에서 더욱 빛을 발한다. 그러므로 어려서부터 감성이 발달할 수 있도록 기회를 많이 만들어 주어야 한다.

여자아이는 관계를 통해 많은 것을 배우고 느끼므로 반려동물이나 식물, 형제자매를 돌보게 하거나, 상상력이 풍부해질 수 있도록 다양한 세계를 경험하게 하는 게 좋다. 앞서 이야기했듯 아이가 대화를 걸어올 때 단답형으로 대답하지 말고 서술형이나 의문형으로 대화를 이어나가는 것도 방법이다.

입보다 더 많은 이야기를 전하는 눈

여자아이만의 장점이 가장 두드러지게 나타나는 것이 바로 표
정이다. 기쁠 때면 얼굴이 활짝 펴지고 즐거운 일이 있으면 마
음껏 웃는 등 표정이 금세 바뀌는 여자아이는 그만큼 매력적이
다. 슬플 때는 슬픈 표정을, 후회할 때는 후회하는 표정을 지어
서 자신의 감정을 표정으로 드러내면 상대방은 아이의 솔직한
성격을 알고 풍부한 감수성을 느낄 수 있어 그 자리의 분위기
가 훨씬 부드러워진다. 이것은 여자아이만 가지고 있는 장점이
다. 풍부한 표정은 언어 이상으로 사람의 기분을 전해준다.

간혹 소리 높여 자기주장을 펼치는 여성을 곱지 않은 눈길
로 바라보는 사람들이 있다. 그래서 직선적으로 자기주장을 하
기보다는 다양한 표현방법을 동원해서 자신의 생각을 전달하
면 일이 원만하게 풀릴 때가 많다. 그리고 이 '우회적인 자기주
장'에 큰 도움이 되는 것이 바로 풍부한 표정이다. 그렇다고 '너
무 강한 자기주장은 손해이므로 표정으로 생각을 전해야 한다'
고 오해하면 안 된다.

"어떻게 하면 좋을까?"라는 질문에 "음…" 하고 말하기 곤란
한 표정을 지어보이는 흐리멍덩한 여성은 환영받지 못한다. 그
러나 '무서운 기세로 자신의 의견을 굽히지 않는 여성' 또한 사

회생활을 잘할 수 없다.

'말은 심하게 하지만 어쩐지 미워할 수 없다', '생글생글 웃으면서 자신의 생각을 정확하게 말한다.' 이런 테크닉을 구사하는 여성은 어떤 상황에서나 현명하게 대처한다. 이것이야말로 '우회적인 자기주장'이 승리하는 순간이 아닐까?

'풍부한 표정'은 여자아이의 매력이자 무기다. 이것은 하루아침에 얻을 수 있는 것이 아니라 어려서부터 자연스럽게 표현하는 동안 저절로 몸에 배는 것이다. "얼굴을 보니 기쁜 일이 있나보구나", "뭔가 재미있는 것을 발견했니? 지금 얼굴이 활짝 펴졌는데"라며 사소한 표정의 변화를 놓치지 말고 민감하게 반응해주는 것이 아이의 표정을 풍부하게 해주는 첫걸음이라고 생각하라.

아이가 기쁜 표정을 지었을 때는 부모도 기쁜 표정을 지어주고, 슬픈 표정을 지었을 때는 걱정스러운 얼굴을 하는 등 아이의 표정을 보고 마음을 헤아려서 동조해야 한다. 그러면 아이는 자신의 표정이 사람들의 마음을 움직인다는 사실을 저절로 깨닫는다. '눈은 입보다 더 많은 이야기를 전한다'는 것을 어렸을 때부터 가르쳐 표정으로 이야기할 수 있는 아이로 기르자. 그것은 사회를 헤쳐나가는 아이에게 상대방을 움직일 수 있는 매력이 됨과 동시에 든든한 무기가 될 것이다.

상처 주지 않고
학원을 그만두게 하는 법

∨∨∨∨∨∨∨∨∨∨∨∨∨∨∨∨∨∨∨∨∨∨∨∨∨

학원을 여러 개 다니는 아이들이 늘고 있다. 2~3개는 당연하고 5~6개를 다니는 아이도 어렵지 않게 찾을 수 있다. 모두 부모가 바빠져서 일어나는 일이다. 물론 '시키고 싶은 게 많다'라고 말하는 부모도 있지만, 방과 후 귀가한 아이가 집에 혼자 있는 상황을 피하고 싶은 부모도 있다. 부모가 퇴근하기 전까지 아이가 안전하게 지낼 장소를 찾기 위해 학원을 보내는 부모가 늘어난 결과다.

남자아이라면 여러 학원에 다니다가 '서예 학원은 이제 지루해. 서예보다 친구하고 놀고 싶다'라고 말을 꺼내어 학원 수가 줄어들곤 하지만, 여자아이는 부모의 말을 잘 거역하지 못한다. 마치 무리한 일정에 시달리는 연예인과 같다.

이런 상황은 입시 준비를 시작하면 180도 달라진다. 어느 날 갑자기 부모가 다니던 예체능 학원을 몇 가지, 혹은 전부 그만두어야 한다고 선언하게 된다. 부모 입장에서는 어차피 방과 후 탁아소로 사용했던 예체능 학원이니 그 시간을 이제는 입시 학원에 할애하는 것이 당연하게 여겨진다. 만약 계속하고 싶다면 입시가 끝난 후 다시 시작하면 된다고 생각하기 때문이다. 예체능 학원을 그만두는 것이 아이에게 큰일이라는 것을 이해할 수 없을지도 모른다.

'제대로 아이의 의견을 듣고 결정했다', '독단적으로 내린 결정이 아니다'라고 반박할 수도 있지만, 앞서 말했던 여자아이는 부모의 말에 잘 거역하지 못한다는 점을 떠올려보자. 대체로 여자아이는 '엄마가 그렇게 말한다면'이라고 받아들이는 아이들이 대부분이다.

만약 예체능 학원을 많이 다니고 있는 아이에게 입시를 위해 몇 가지를 줄여야겠다고 말할 때는, 우선 아이와 차분히 대화를 갖는 것이 좋다. 그때 반드시 "피아노는 그만하는 게 어떨까?", "다도는 어른이 되어서도 다시 할 수 있지 않을까?" 같은 유도심문은 하지 말아야 한다. 각 학원에 대한 아이의 본심을 찬찬히 들어야 한다.

부모의 능력이 드러나는 순간은 아이가 "사실 아무것도 그만두고 싶지 않아"라고 말할 때다. 이럴 때는 학원이 아닌 과외 등으로 시간을 융통성 있게 쓰는 방법을 사용할 수 있다. 입시 학원 선생님과 요일, 시간을 조정하여 극복할 수도 있겠다. 여자아이가 다양한 능력을 함양하는 것은 감수성을 연마한다는 측면에서 큰 효과가 있다고 이미 말했다. 또한 두루 배움을 경험하는 것은 좋은 일이다. 하지만 입시 때문에 학원을 그만두게 할 상황이 올 수 있다는 것은 늘 유념해야 한다.

입시 준비가 임박하여 일방적으로 "이 학원은 그만둬라"라고 말하는 것이 아니라, 평소에 어떤 학원이 아이의 어느 측면에 좋은지 인지하고, 방과 후 탁아소처럼 다닌 학원을 미리 조율해두도록 하자.

제발 무작정 "입시가 코앞이니 예체능 학원은 그만두자"라고 선고하는 일은 피하라. 부모가 생각하는 것 이상으로 아이는 상처받는다.

PART 2
즐기는 법을 아는 딸이
결국 성공한다

'세상사를 즐기는 능력'은 남자보다 여자가 뛰어나다.

이런 능력은 그냥 내버려둔다고 길러지는 게 아니다.

어려서부터 집안일과 독서, 모든 놀이에 이르기까지

다양한 일을 하면서 길러지는 것이다.

능력을 인정받고 싶은 아들,
존재를 인정받고 싶은 딸

여자아이에게 '나는 사랑받는다, 귀여움 받는다'는 자각은 '있는 그대로의 내가 좋다'는 자기 긍정과 자신감으로 이어진다. 하지만 자신을 스스로 인정하지 못한 상태에서, 조금이라도 남들이 알아주는 위치에 오르기 위한 목적으로 일류대학을 나와 대기업이나 관공서에 취직하는 사람도 있다.

그러나 어려서부터 공부만 해서 일류대학을 나와 고위 공무원이 된 남자 중에 인간적인 매력이 부족한 사람이 많은 것처럼, 학벌이나 경력 외에는 자랑할 게 없는 여성 중에 매력적인 사람이 적다는 것은 결코 나 혼자만의 생각은 아닐 것이다.

여자아이에게 '나는 귀여움 받는다, 그럴 만한 가치가 있는 존재다'라는 것을 실감하게 하는 일은 매우 중요하다. 사내아이는 자신이 좋아하는 일에 몰두하고, 특히 자기가 잘하는 분야에서 자신의 가치를 발견한다. 물론 여자아이도 그렇기는 하지만 여자아이는 '나를 사랑한다, 나를 귀여워한다'고 느낄 때 더욱 자신의 가치를 발견한다. 그러므로 부모는 끊임없이 '나는 너를 귀엽고 사랑스러운 아이라고 생각한다'는 마음을 전해야 한다.

그리고 가족뿐만 아니라 많은 사람에게 사랑받고 귀여움을 받고 자란 아이는 인격이 훌륭하고 매력이 넘치는 사람이 된다. 그러므로 딸은 '가족뿐만 아니라 누구에게나 사랑받고 대접받는 아이'로 키워야 한다.

피를 나눈 가족이라면 몰라도 다른 사람한테까지 귀한 대접을 받는다는 건 조금 어려운 일이라고 생각할 수도 있다. 그러나 이것은 뜻밖에도 간단하다. 바로 예절 바르고 너그럽고 착한 아이로 키우면 된다.

팔꿈치를 괴고 앉아서 쩝쩝거리며 음식을 먹는 아이가 있다고 치자. 제대로 된 음식을 만들어주고 싶은 마음이 들겠는가? '아무거나 배부르게 먹이면 된다'는 생각만 들 것이다.

예의 바른 아이가 성공한다

이 세상 사람들이 모두 박애정신으로 똘똘 뭉쳐 있다면 몰라도 '예의 없는 아이'가 예의 바른 아이에 비해 대접을 제대로 못 받는 것은 어쩔 수 없는 현실이다. 우리 아이가 그런 대접을 받지 않게 하려면 예절을 제대로 가르쳐야 한다.

'벗어놓은 신발은 가지런히 정리한다', '벗은 옷은 한쪽에 개어놓는다', '어른을 만나면 인사를 한다' 등 모든 상황에 맞는 예절을 부모가 확실히 가르쳐야 한다.

아이들에게만 적용되는 것은 아니지만, 나는 어떤 사람이 제대로 된 사람인지 아닌지는 공중화장실을 어떻게 사용하는지를 보면 알 수 있다고 생각한다.

공중화장실은 모든 사람이 함께 사용하는 공공시설이다. 밖에 아무도 없으니까, 아니면 우리 집이 아니니까 더럽게 사용해도 된다고 생각하는 사람은 가정교육을 제대로 받지 못한 사람이다.

휴지를 마구 뽑아서 쓰고, 손 씻는 곳을 물바다로 만들고, 머리를 빗은 뒤에 떨어진 머리카락을 그대로 두고 가고…. 많은 사람이 함께 사용하는 시설을 소중히 다루는 마음이야말로 예절의 기본이 아닐까?

누구나 자기 자식이 모든 사람에게 사랑받고 귀여움 받기를 바랄 것이다. 그렇다면 먼저 가정에서 예의 바른 아이로 가르쳐야 한다. 아니, 그보다 부모가 먼저 공중도덕을 잘 지켜야 한다. 그런 부모 밑에서 자란 아이는 예의가 저절로 몸에 배어 반듯한 아이로 자란다.

만일 기회가 있다면 딸이 공중화장실을 어떻게 사용하는지 점검해보자. 혹시 조심성 없이 사용한다면 여러분의 딸은 남에게 함부로 취급받을 가능성이 많다. 부모로서 딸을 어떻게 교육시킬지 다시 생각해야 할 것이다.

딸에게 눈치로
판단할 줄 아는 법을 가르쳐라

‿‿‿‿‿‿‿‿‿‿‿‿‿‿‿‿‿‿‿‿‿‿‿‿

나는 오랫동안 수많은 아이들의 입시를 지도했다. 그 경험으로 볼 때 형편없는 교사가 배정되는 경우도 있다. 이럴 때 가정교육의 중요성이 더욱 두드러진다. 물론 우수한 교사가 있는 학교도 있다. 그러나 형편없는 교사와 만난 아이들에게 학교 이야기를 들을 때마다 '헉' 하는 소리가 절로 나온다. 정상적인 생각을 하는 사람이라면 '더는 참을 수 없다!'고 말하고 싶어지는 일들이 비일비재하다.

이런 이야기를 들었다. 여러분은 '얼음 땡'이라는 놀이를 알고 있는가? '얼음 땡' 놀이에는 술래에게 잡힌 아이는 일정 시간 '얼어서 움직이지 못한다'는 규칙이 있다. 우스꽝스러운 자세로 굳은 채 움직이지 못한다는 재미있는 설정이 아이들의 마음을 사로잡은 것이다.

어떤 초등학교에서 이 놀이가 크게 유행했다고 한다. 그런데 '얼음 땡' 놀이를 알게 된 담임교사가 어느 날 갑자기 '얼음 땡 금지령'을 내렸다. 아이들이 좋아하는 놀이를 금지한 만큼 무슨 이유가 있을 것이라 생각했다. 그런데 이 교사가 '얼음 땡'을 금지한 까닭은 바로 '움직이지 않는 건 운동이 되지 않기 때문'이었다고 한다. 이 이야기를 들은 나는 벌어진 입을 다물 수 없었다. 이 이야기를 듣고 놀라지 않은 사람이 있다면 꼭 한번 만나보고 싶다.

이것은 한 가지 예일 뿐이다. 하지만 말도 안 되는 명령을 내린 교사나, 수업 시간 내내 칠판만 쳐다보고 연방 필기만 해대는 교사, "꽃한테 말을 걸면 아름다운 꽃이 핀대요"라며 날마다 꽃에게 말을 걸면서 물을 주는 아이에게 "너, 머리가 이상한 거 아니니?"라는 말을 내뱉는 무신경한 교사 등 형편없는 교사의 예를 들자면 끝이 없다.

이런 형편없는 교사를 만났을 때는 어떻게 해야 할까? "선생님 말은 무조건 맞아. 그러니까 이러쿵저러쿵 따지지 말고 하라는 대로 해"라며 말 잘 듣는 학생이 되라고 강요해야 할까? 아니면 "너희 선생님 좀 우습다. 할 말은 해야지. 당당히 맞서!"라며 아이와 함께 부딪쳐야 할까? 하지만 둘 다 옳은 방법이 아니다.

분명히 어른들의 세계에는 '힘 있는 자 앞에서는 굴복하라'든지, '윗사람이 검다고 하면 흰 것도 검다고 말해야 하는' 경우가 흔히 있다. '윗사람 말은 무조건 따르라'는 말은 사회에서 살아남기 위한 철칙일지 모른다. 그러나 아이한테도 이렇게 가르쳐야 할까?

세상을 살아가는 '요령'을 가르쳐야 하는 이유

나는 절대로 그래서는 안 된다고 생각한다. 사물의 선악은 자신이 아닌 윗사람이 결정한다는 사고에 젖어서 성장하면 스스로 생각하기를 거부하는 인간이 된다. 다시 말해 확실히 머리가 둔해진다는 것이다. 어쩌면 사이비 종교에 빠진 젊은이들이 어렸을 때 이렇게 자라지 않았을까?

그렇다고 철저히 맞서는 방법도 옳지 않다. 물론 잘못된 사고방식은 따르면 안 된다. 이럴 때는 단호하게 맞서야 하는 게 맞다. 그러나 그 결과는 어떻게 될까? 교사가 "네 말이 맞다. 선생님이 잘못 알았구나"라며 자신의 잘못을 인정할까? 아이에게 사과할 정도의 어른이라면 애초에 불합리한 강요는 하지 않는다. 교사에게 맞서면 '반항적인 아이와 그것을 부추기는 문제 있는 가정'이라는 꼬리표만 붙을 뿐이다. 나아가 '학급 분위기를 망친 아이'가 되어 학교 생활기록부 평가가 비참해진다. 불합리한 교사가 있는 학교 교육을 무조건 따르라고 강요하면 아이는 머리가 혼란스럽다. 그렇다고 싸우는 길을 택하면 생활기록부가 지저분해진다.

그러면 어떻게 해야 할까? 교육 환경 컨설턴트로서 학교 교육에 비판적이기는 하되 생활기록부에는 신경 쓰라고 말하고 싶다. '선생님 말은 앞뒤가 맞지 않는다. 그래도 겉으로는 따르는 척해야지'라며 요령 있는, 말하자면 눈치 빠른 태도는 머리 좋은 딸의 뛰어난 처세술이다.

이것은 하루아침에 터득할 수 있는 것이 아니다. 또 아이가 학교나 교사의 행동이 불합리하다고 느끼고 부모에게 호소했을 때 "그런 일로 일일이 화낼 거 뭐 있니? 네네 하면서 듣는 척만 하면 되지"라고 말을 잘라버리는 것도 좋지 않다. 그러면 아이는 '엄마는 내 기분을 이해하지 못한다'며 마음을 닫아버린다.

　이럴 때는 "뭐, 선생님한테는 선생님만의 생각이 있을지 모르니까 선생님 말대로 하면 어떨까? 하지만 엄마 역시 말도 안 되는 소리라는 생각이 든다"라면서 아무렇지도 않게 속마음을 표현하고 실제로 어떻게 대처해야 할지 적절하게 말해주면 된다. 이것은 아이에게 세상을 살아가는 '요령'을 가르칠 수 있는 기회가 되기도 한다.

지식만 쌓는다고
교양이 생기지는 않는다

∨∨∨∨∨∨∨∨∨∨∨∨∨∨∨∨∨∨∨∨∨∨∨∨

'취미와 교양은 풍요롭고 행복한 인생을 약속한다.' 이것은 내가 늘 주장하는 소리다. 취미 이야기는 뒤에서 하고, 여기에서는 교양 이야기를 해보자. 여러분은 '교양 있는 사람'이라고 하면 어떤 사람이 가장 먼저 떠오르는가?

'광범위한 분야에 걸쳐서 많은 것을 아는 사람.' 확실히 일리 있는 말이다. 지식과 교양은 밀접하게 관련되어 있어 떼려야 뗄 수 없는 사이다. 이것은 분명한 사실이다. 그러나 이 '지식'이 사실은 우스운 것이다.

지식은 귀동냥만으로도 쌓을 수 있다. 극단적인 말로 하면 하루 종일 텔레비전만 끼고 살아도 '세계정세'에서부터, '널리 알려지지 않은 비경', '위인의 생애'까지 온갖 것에 통달할 수 있다. 태어나서 한 번도 오케스트라 연주를 들어본 적 없는 사람이 모차르트의 생애를 훤히 꿰고 있다면 그는 분명 지식이 있는 사람이다. 하지만 결코 '교양 있는 사람'은 아니다. 교양인은 지식뿐만 아니라 지식을 뒷받침할 풍부한 경험이 있는 사람이다.

모차르트라는 인물을 아는 것뿐만 아니라 그의 음악을 즐기고, 이야기할 수 있고, 좀 더 욕심을 부리면 연주까지 할 수 있는 사람이야말로 '교양 있다'는 소리를 들을 자격이 있다. 그런데 특히 고학력자 중에 지식과 교양을 혼동하는 사람이 있다. 이런 사람은 대부분 아는 것은 많지만 체험이 부족하다. 가령 '고등어김치찜'을 만드는 방법을 책이나 텔레비전에서 봐서 알지만 실제로 만들어보거나 먹어본 적 없는 사람이다.

고립되는 아이들의 특징

언제나 '안다'고 지식을 드러내는 사람은 일단 '잘 아시는군요',

'○○는 모르는 게 없어요'라고 존경받을지 모른다. 그런데 '아는 건 많은데 할 줄 아는 건 하나도 없다'는 사실이 들통 나면 어떨까?

'말만 많고 행동이 따르지 않는 사람', '아는 것만 많은 사람'이라고 멀리하게 될 것이 분명하다. 그러나 안타깝게도 본인은 주위 사람들에게 그런 평가를 받고 있다는 사실을 깨닫지 못한다. '나 알아'라고 말할 때마다 모두 속으로 '또 시작이다'라며 바보 취급한다는 생각은 꿈에도 하지 못한다.

'이대로는 안 되겠다. 진짜 경험을 쌓아야지' 이렇게 자각할 수 있는 사람은 그나마 다행이다. 그러나 주위에서 '저 사람은 머리로만 안다'는 소리를 듣는 사람 중에 스스로 자신을 반성할 줄 아는 사람은 극히 드물다. 왜냐하면 '당신은 아는 건 많은데 할 줄 아는 건 없군요', '그런데 실제로 해본 적이 있나요?'라고 지적해주는 사람이 거의 없기 때문이다.

왜 그럴까? 솔직히 말하면 아는 척하는 모습을 구경하는 게 재미있기 때문이다. 실제로 본 적도, 해본 경험도 없는 사람이 잘난 척 지식을 떠벌리면 주위 사람들은 '또 시작'이라는 눈짓을 주고받으며 겨우 웃음을 참는다. 어떤가, 흔히 볼 수 있는 광경이 아닌가?

따라서 '지식만 있고 실천이 따르지 않는 사람'은 주위에서

고립될 뿐만 아니라 자신의 잘못을 깨닫고 바로잡을 기회도 얻지 못한다. 어느새 아는 척만 하는 구제불능 인간이 되어버린다. 이는 정말 무서운 일이다.

　이럴 위험은 남녀를 불문하고 누구에게나 있다. 부모가 고학력일수록 아이가 다양한 지식을 얻을 것이라고 생각하기 쉽다. 그러나 체험 없이 얻은 지식을 떠벌리다가는 친구들에게 바보 취급당할 수 있다는 사실을 잊어서는 안 된다.

04

머리를 좋게 하려면
즐기는 힘을 가르쳐라

〉〉〉〉〉〉〉〉〉〉〉〉〉〉〉〉〉〉〉〉〉〉〉〉〉〉

나는 '세상사를 즐기는 능력'은 남자보다 여자가 뛰어나다고 생각한다. 특히 남자는 즐거운 일은 끝까지 하지만, 그렇지 않은 일은 '하기 싫어 죽겠다'고 생각하기 쉽고, 그 결과 즐길 수 있는 일이 줄어들어 '인생에는 지루한 일만 있을 뿐'이라고 생각하게 된다.

반면 여성은 처음에는 그다지 흥미가 없지만 하는 동안 재미를 느껴 나중에는 즐기게 되는 특성이 있다. 이런 차이는 부부가 아이를 데리고 어린이를 위한 이벤트에 갔을 때 뚜렷이

나타난다.

처음부터 밖에 나가 담배만 피우며 행사가 빨리 끝나기를 기다리는 사람은 아빠다. 반면 엄마는 처음에는 냉정한 눈빛으로 보다가 차츰 깊이 빠져서 마지막에는 아이보다 더 열중한다. 집에 돌아와서 "아, 정말 힘든 하루였어. 이렇게 재미없을 줄 알았으면 차라리 집에서 잠이나 잘걸" 하고 한숨을 내쉬는 아빠와 "아, 재미있다! 나중에 또 가야지!" 하고 눈을 빛내는 엄마를 비교해보자.

누가 득인지는 따져볼 것도 없이 당연히 즐긴 쪽이다. 조금 과장된 표현이지만, 세상사를 즐길 줄 아는 사람은 인생을 알차게 보낼 수 있다. 어떤 일이든 즐겁게 할 수 있으면 '고통스럽고 하기 싫은 일'의 수는 당연히 줄어든다. 길고 긴 인생살이에 즐거운 일만 있으라는 법은 없다. 따분한 일도 많고, 어쩌면 흥미를 끌지 못하는 일이 훨씬 더 많을 것이다.

이렇게 따분하고 재미없는 일을 철저하게 피하면서 살 수 있다면 얼마나 좋을까? 그러나 '따분하고 재미없지만 꼭 해야 할 일'이 연속되는 것이 또 인생이다. 그렇다면 '재미없어 미치겠다'고 불평만 하지 말고 그 속에서 재미를 찾아 즐기는 편이 낫지 않을까? 집안일도 마찬가지다.

빨래를 개는 일은 지루하고, 손이 많이 가는 음식을 만드는 일은 힘들다. 하지만 창의적으로 궁리하고 머리를 짜내면 지루하고 힘든 일도 재미있게 할 수 있다는 점을 여러분도 경험했을 것이다. 회사에서 일하는 것도 마찬가지다.

산더미처럼 쌓여 있는 서류에 파묻혀 깨알 같은 글자와 씨름하는 일은 지루하기 짝이 없다고 단정해버리면 딱 거기까지가 한계다. 그러나 효율적인 서류정리법을 짜내거나 무미건조한 숫자들의 나열에서 뭔가를 읽어내려고 하는 동안 갑자기 일이 재미있어질 때가 있다.

배움을 즐기는 힘

일을 즐기는 데는 창의력을 빼놓을 수 없다. '어떻게 하면 좀더 재미있게 할까' '이렇게 해보면 어떨까?' 하고, 쓸데없는 짓인 줄 알면서도 시도해보는 거다. 이것이 바로 진정한 창의력이다. 그리고 그 바탕에는 '받아들이는 힘'이 있다.

'이 일은 너무 지루하고 재미없다. 하기 싫다'고 집어던지기는 정말 쉽다. 그러나 '어떻게 하면 이 지겨운 일을 재미있게 할 수 있을까?'라는 생각은 '어떻게 하면 이것을 받아들일 수 있을까?' 라는 생각으로 이어진다.

앞에서도 말했듯 인생살이에는 재미있는 일보다 힘든 일이 더 많고, 좋아하는 사람보다 싫어하는 사람이 더 많을 수 있다. 그러나 그것을 모두 부정하고 등 돌리고 사는 사람은 정말 몇 명이 안 된다. 그렇다면 어떻게든 받아들일 방법을 찾아서 즐기는 편이 인생을 더욱 즐겁고 충실하고 빛나게 사는 방법이 아닐까?

'세상사를 즐기는 능력'은 남자보다 여자가 뛰어나다고 말했다. 그러나 이런 능력은 그냥 내버려둔다고 길러지는 게 아니다. 어려서부터 집안일과 독서, 모든 놀이에 이르기까지 다양한 일을 하면서 길러지는 것이다. 그럼으로써 무슨 일을 할 때도 '어떻게 하면 좀 더 재미있게 할 수 있을까?'라는 생각을 버릇처럼 하게 된다.

믿기 어렵겠지만, 아이가 세상사를 즐기는 능력을 최대한으로 발휘할 때가 바로 공부할 때다. 억지로 시켜서 마지못해 공부한다든지 하고 싶지 않지만 학생이니 어쩔 수 없이 공부한다고 생각한다면 학습능력이 향상될 수 없다. 설령 향상된다고 해도 자기 능력의 한계를 뛰어넘기 어렵다.

'세상사를 이해하는 즐거움'과 '문제를 풀었을 때의 짜릿함'을 맛본 아이는 공부가 점점 재미있어진다. 그리고 어떻게 하면 공부를 좀 더 재미있게 할지 스스로 궁리하게 된다. 그러면서 아이의 머리는 점점 좋아진다.

딸아이의 머리가 좋아지기를 바란다면 많은 것을 가르치고, 그것을 즐기는 힘을 길러주어야 한다. 언뜻 멀리 돌아가는 것처럼 보일지 모르지만, 이것이야말로 교육의 근본 중 근본이 아닐까?

딸 인생의 행복을
높여주는 포용력 훈련

∨∨∨∨∨∨∨∨∨∨∨∨∨∨∨∨∨∨∨∨∨∨∨∨∨∨∨∨

'포용력'이란 글자 그대로 '받아들이는 힘' 이라는 뜻이다. 흔히 '마음이 넓다'고 하는데, 어떤 일이든 금방 '좋다, 싫다'를 표현하지 않고 모든 사람의 의견을 받아줄 줄 아는, 마음에 여유가 있는 아이는 인생에서도 선택의 폭이 넓어져 행복해질 확률이 높다.

여성은 원래 포용력이 있어서 모든 일을 모나지 않게 받아들이는 특성이 있다. 'YES', 'NO'뿐만 아니라 두 답 사이에 '아마 YES', '뭐, YES', 'YES일지 몰라'라고 비슷한 말을 많이 나열하는 것이 여자다.

이에 반해서 남성은 'YES 아니면 NO! 이걸로 끝!'으로 마무리하는 경우가 많다. 그렇지 않으면 우유부단하고 믿을 수 없는 남자로 낙인 찍혀버린다. 'NO'한 일은 즉시 잊어버리고 'YES'를 찾아서 가버리는 건 남성이고, 'YES', 'NO' 판단은 일단 접어두고 어떻게 하면 눈앞에 일어난 일을 받아들일 수 있을지 생각하는 건 여성이라고 바꿔 말할 수 있다.

학문이나 예술 분야, 비즈니스 분야에서 뭔가를 이룬 사람들은 하나같이 "내게는 이 일밖에 없다"며 한 가지 일만 파고들었다고 한다. 이 말은 비즈니스 관련 서적에서 흔히 볼 수 있다. 물론 이 말에도 일리는 있다.

초등학교 때부터 이과 과목을 좋아해서 그쪽을 전공하다가 나중에 노벨상을 받은 사람도 있고, 어려서부터 그림을 좋아해서 나중에 세계적으로 유명한 미술가가 된 사람도 있다. 그러나 깊이 파고들었지만 제대로 이루지 못하고, 한 가지에만 몰두한 나머지 다른 일은 할 줄 모르는 사람도 많다는 현실을 잊어서는 안 된다.

'행복한 인생은 취미나 즐길 게 많은 인생'이다. 이것은 내가 처음부터 끝까지 일관되게 주장하는 이야기인데, 즐길 것과 취미가 많으려면 '이것밖에 없다!'고 너무 한 우물만 파서는 안 된다.

그리고 여기에서도 '포용력'이 중요하다. 세상사를 폭넓게 받아들일 줄 아는 사람은 즐길 것과 취미를 쉽게 찾는다. '이것은 필요 없다'고 곧바로 말하지 않고 '일단 해보자'고 생각할 수 있기 때문이다. 여기에 '사물을 즐기는 힘'까지 더해지면 그야말로 금상첨화다. 두 가지 능력을 모두 갖출 수 있다면 틀림없이 인생을 행복하게 보낼 수 있다.

'일'에만 목숨 거는 여성으로 만들지 마라

앞에서 여성은 남성에 비해 포용력이 있다고 했다. 그러나 여성의 사회진출 속도가 더욱 빨라짐에 따라 그렇지 않은 경우도 생기고 있다. 바로 일에 파묻혀 사는 커리어우먼이 그런 예다.

여성은 '즐기며 일하는 능력'이 뛰어난데 이 능력을 충분히 발휘하는 곳이 바로 일하는 현장이다. 여성은 창의력으로 즐거움을 찾아내어 끝까지 해낸다. 이것 자체는 매우 멋진 능력이고 재능이어서, 그런 점까지 부정할 마음은 조금도 없다.

다만 일에만 너무 열중한 나머지 자신의 모든 존재를 일에 걸어버리면 문제가 생긴다. 성공한 여성 중에는 '내게는 일밖에 없다. 일이 내 전부'라고 믿는 일 중독자가 많다. 이렇게 생각하는 여성은 결혼이나 출산을 부정하기 쉽다. 일에 매진하는 자신과 정반대 삶을 사는 전업주부를 받아들이지 못하고 '전업주부를 이해할 수 없다'며 그들을 바보 취급하는 말을 아무렇지도 않게 내뱉는 무신경한 커리어우먼도 자주 볼 수 있다. 거기에서는 눈곱만큼의 '포용력'도 찾아볼 수 없다. 사회에서 능력 있는 여성으로 인정받고, 성공을 거머쥐었다고 해서 과연 그들의 인생을 행복하다고 말할 수 있을까? 반대로 가족을 케어하기 위해 자신의 라이프스타일을 포기한 전업주부의 삶이 불행하다고 단정할 수 있는 사람은 몇이나 될까?

물론 일에 몰두하는 여성을 부정할 생각도, 결혼과 출산이야말로 여성의 진정한 행복이라고 말할 마음도 없다. 그러나 '일'과 '남편', '아이'처럼 뽑아들 카드가 좀 더 다양하고 즐길 일이 많은 사람의 인생이 알찬 것은 분명하다. 최근 꽃꽂이나 자수 등 취미활동에 몰려드는 직장 여성이 증가한 것을 보면 이러한 사실을 알 수 있다.

아이에게 무엇이든 흑백 논리에 맞추어 '좋다' 아니면 '싫다'로 나누지 말고 다양한 것을 받아들이는 힘을 길러주자. 그것은 내 딸을 '패배자'로 만들지 않기 위해서도 꼭 필요한 교육이다.

피아노를 잘 치면
똑똑해진다

∨∕∨∕∨∕∨∕∨∕∨∕∨∕∨∕∨∕∨∕∨∕∨∕∨∕∨∕∨∕∨∕∨

이것은 피아노에만 국한된 이야기가 아니다. 바이올린을 포함한 모든 악기라고 해야 옳을 것이다. 악기 연주를 비롯해 모든 학습의 기초는 '인내력'이다. '피아노나 바이올린이 인내력과 무슨 관계가 있을까?' 하고 의아해하는 분은 아마 악기를 연주할 줄 모르거나, 재능이 뛰어나서 힘들이지 않고 연주할 수 있거나 둘 중 어느 한쪽일 것이다. 그런 재능을 타고나지 않은 사람은 대부분 연주를 잘하게 되기까지 괴롭고 힘든 길을 걸어야 한다.

피아노 치는 사람을 처음 본 아이는 자연스럽게 "나도 치고 싶다!"라고 말한다. 피아노 연주자가 너무나도 쉽고 즐겁게 피아노를 치고, 그곳에서 아름다운 음악이 흘러나오기 때문이다. 쉬워 보이니 자기도 할 수 있을 거라는 착각에 빠져 아이는 "나도 치고 싶다"라고 말한다.

그런데 막상 피아노를 배우기 시작하면 아이는 '아름다운 음악을 연주하기 위해서는 연습을 상당히 많이 해야 한다'는 사실을 깨닫는다. 손가락은 생각대로 움직이지 않고, 악보는 보기만 해도 어지럽다. 바이올린 같은 악기는 정확한 음조차 내기 어렵다. 자기 솜씨가 어설프다는 사실을 알고 아이는 매우 놀란다. 하지만 이미 돈을 많이 주고 악기를 산 부모는 쉽사리 그만두게 할 리 없다.

그러면 어떻게 하면 좋을까? 참고 견디는 수밖에 없다. 악기를 잘 다룰 수 있게 되고, 연주를 즐길 수 있게 될 때까지는 오로지 고통스러운 연습을 견디고, 좀처럼 숙달되지 않는 자신을 견디고, 교사에게 야단맞는 것을 견뎌야 한다. 악기를 배운다는 것은 인내의 연속이다.

딸 교육에 있어서 아이가 하고 싶어 하는 것은 바로 시키고, 아이가 힘들어하면 강요하지 않는 것이 좋다. 그러나 악기라면 이야기가 달라진다. 왜냐하면 부모의 투자액 역시 무시

할 수 없기 때문이다. 피아노가 치고 싶다고 해서 피아노를 사주고, 피아노보다 바이올린을 켜고 싶다고 해서 바이올린을 사주고, 바이올린 대신 하프를 배우고 싶다고 해서 하프를 사주고…. 부디 이처럼 아이한테 휘둘려서 돈을 써버리는 어리석은 부모는 없기 바란다. 이런 식으로 키우면 아이는 아이대로 제멋대로인데다 참을성 없이 자라고, 부모는 부모대로 돈만 버리는 꼴이 된다.

재미없고 힘들어도
어쨌든 계속하는 인내력

악기를 배우려면 인내심이 필요하다. 악기를 배운다는 것은 인내심을 기를 둘도 없이 좋은 기회이므로 도중에 아무리 그만두고 싶어 하고, 하기 싫다고 투정을 부려도 계속 시켜야 한다.

이렇게까지 인내심을 길러야 하는 이유는 공부할 때 가장 필요한 것이 바로 '인내심'이기 때문이다. 모든 공부에는 반드시 넘어야 할 고비가 있다. 그 고비를 넘기면 공부가 재미있어지고 즐겁게 느껴진다. 그때까지는 지겨워하고 지루해하고 힘들어해도 꾸준히 시키는 수밖에 없다.

피아노를 잘 치면 똑똑해진다는 말의 의미를 이해했는가? 아무리 지겨워도 날마다 연습해서 치고 싶은 곳을 칠 수 있게 된 아이는 분명히 인내심이 강한 아이가 된다. 이 강한 인내심이 꾸준히 노력하는 힘의 원천이 되어 공부 잘하는 아이를 만든다. 고통이 즐거움으로 변하는 기쁨을 아는 아이가 어떻게 똑똑해지지 않을 수 있을까?

여자아이의 학습능력은 꾸준하고 착실하게 공부함으로써 향상되는 특성이 있다. 그러므로 '재미없고 힘들어도 어쨌든 계속하는 인내력'을 길러야 한다.

다시 한 번 말하는데, 피아노든 바이올린이든 악기를 가르치기 시작했다면 중도에 그만두게 하면 안 된다. 달래고, 어르고, 그래도 싫어한다면 야단을 쳐서라도 날마다 연습하게 해야 한다. 힘들어도 가능한 한 끝까지 배우는 습관을 들여야 한다. 그렇게 하면 악기를 다루는 재능뿐만 아니라 인내심까지 생겨서 결과적으로 학습 능력이 향상된다.

토론식 대화법으로
딸의 논리력을 키워라

∨∨∨∨∨∨∨∨∨∨∨∨∨∨∨∨∨∨∨∨∨∨∨∨∨

'공부벌레'라는 말이 있다. 뭐든지 열심히 하는 것은 좋지만 공부만 잘하고, 인간적인 매력이 부족하다면 곤란하다. 특히 딸이 이런 말을 듣는 건 좋지 않다. 바람직한 딸의 모습은 역시 '공부벌레는 아니지만 왠지 모르게 공부를 잘하는 것'이다. 너무 큰 욕심을 부리는 걸까?

이제부터는 '공부벌레는 아닌데 공부를 잘하는 아이들'의 비밀을 설명하겠다. 여러분의 자녀에게 참고가 될 이야기가 분명히 있을 것이다.

'분명 공부벌레는 아닌데 왠지 모르게 공부를 잘하는 아이'라고 하면 뭐니 뭐니 해도 외국에서 살다 온 아이를 꼽을 수 있다. "해외 귀국자녀의 영어 실력이 좋은 건 당연하다!"라고 말하려는 분은 잠시만 기다려주기 바란다. 나는 굳이 '해외 귀국자녀의 영어 실력'을 운운할 생각은 추호도 없다.

해외 귀국자녀의 특징은 일단 '스스로 생각하는 습관', '자신의 의견을 분명히 주장할 수 있는 능력' 그리고 '뛰어난 의사소통 능력'에 있다. 외국 영화에서도 자주 볼 수 있지만 해외에서는 교사가 학생에게 "너는 어떻게 생각하니?"라고 의견을 묻는 경우가 많다.

또 학생끼리 토론하는 수업이 많은 것도 선생님의 지식을 일방적으로 학생에게 전달하는 우리의 수업방식과 크게 다른 점이다. 이와 같은 수업으로 '스스로 생각하는 습관'과 '자신의 의견을 분명히 주장할 수 있는 능력'을 기를 수 있다.

스스로 생각하고 자기주장을 할 수 있다는 것, 다시 말해 주체적으로 행동하는 습관은 늘 좋은 성적을 유지하는 것이나 원하는 학교에 합격하는 것 이상으로 의미가 크다. 최근 일류 대학에 진학했지만 스스로 연구 주제를 찾지 못해 교수가 일일이 가르쳐주기를 기다리는 학생이 많아, 교육 현장에서 문제가 되고 있다는 사실을 알고 있는가?

조금 극단적인 예이기는 하지만 이런 일의 원인은 아이들이 주입식 공부에만 전념하느라 스스로 생각하고, 판단하고, 주장하는 능력을 기르지 못한 데 있는 건 아닐까? 또 하나 간과할 수 없는 것은 해외 귀국자녀들에게는 매우 자연스러운 '의사소통 능력'이 있다는 점이다. 이것은 우리 학생들에게 많이 부족한 부분이다.

의사소통 능력과 논리성을 몸에 익히는 훈련

요즘 가장 큰 학교 문제는 바로 '왕따'다. 나는 늘 '가치 없는 일을 아무렇지도 않게 저지르는 인간은 머리가 나쁘다'고 이야기하는데, 왕따는 자신의 불쾌감을 다른 사람에게 전가시켜 걱정을 덜려고 하는 인간이 저지를 수 있는 가장 질 나쁜 행동이다.

나는 자신의 지능과 인간성을 뒤떨어지게 만드는 왕따의 뿌리는 의사소통을 할 줄 모르는 데 있다고 생각한다. 우리에게는 '말하지 않아도 서로 통한다'고 믿는 구석이 있는 것 같다. 그 때문에 의견이 다른 사람이나 이해가 안 되는 사람을 만나면 상대를 알려고 노력하기 전에 '분위기를 망치는 녀석', '상황 파악 못하는 녀석'이라는 꼬리표를 붙여 배척하거나 존재 자체를 무시하려고 한다. 이것이 따돌림의 정체 가운데 하나다.

이에 반해 서양 사람이나 해외에서 살다 온 아이는 자신의 주장을 펼치면서도 상대의 주장을 귀담아 듣는 습관이 몸속 깊이 배어 있다. 그리고 자신과 다른 의견도 나름대로 깊이 생각해서 가능한 한 받아들이려고 노력한다. 이렇게 하면 '이론을 세워서 사물을 생각하고 조합하는 논리성'이 자란다. 논리성은 지성의 기초가 되는 것으로, 공부를 잘한다 못한다를 논하기 전에 똑똑함을 결정짓는 요소가 된다.

이제 해외에서 살다 온 아이 중에 똑똑한 아이가 많은 이유를 이해할 수 있을 것이다. 자기 의견이 분명하고, 자기주장을 할 줄 알며 의사소통 능력과 논리성이 있기 때문에 그들은 머리가 좋은 것이다. 그렇다고 '똑똑한 딸을 만들려면 지금 당장 외국 학교에 보내라'고 말할 생각은 털끝만큼도 없다. 일상 생활에서 '자기주장'과 '의사소통 능력' 그리고 '논리성'을 몸에 익히는 훈련을 하면 된다.

조금 어려운 이야기처럼 들리겠지만 사실 내용은 간단하다. 어떤 상황에서든 "너는 어떻게 하고 싶니?", "너는 어떻게 생각하니?"라고 물어보면 된다. 아이가 말한 의견을 무조건 들어줄 필요는 없다. "너는 그렇게 생각하는구나. 하지만 엄마는 이렇게 생각한단다"라고 이야기하면서 자꾸 반론하라. 그리고 서로 수긍할 수 있는 지점에 이를 때까지 이야기를 주고받으면 된다.

의견이 다른 사람의 주장은 어떻게 받아들여야 할까? 양보해야 할 것과 끝까지 주장해야 할 것의 경계는 어디일까? 서로 기분 좋게 타협하기 위해서는 어떻게 해야 할까? 평소에 "너는 어떻게 생각하니? 나는 이렇게 생각해"를 되풀이하는 동안 아이에게는 틀림없이 해외에서 살다 온 아이와 같은 논리력이 생길 것이다.

08

단호한 태도로 대해야
조리 있게 말하는 법을 익힌다

∨∨∨∨∨∨∨∨∨∨∨∨∨∨∨∨∨∨∨∨∨∨∨∨

현재 우리는 심각한 저출산 시대를 맞이하고 있다. 그런데 실제로 아이를 키우는 사람들 중에는 "아이가 적으니 오히려 아이한테 돈과 시간을 많이 투자할 수 있는데 저출산이 뭐가 나쁜가?"라고 반문하는 사람도 있을 것이다. 그러나 '손이 많이 간 아이'가 오히려 좋지 않은 결과를 불러올 수 있다는 사실을 알고 있는가?

자식이 많으면 아이들에게 신경을 덜 쓰게 되어, 아이들은 어쩔 수 없이 스스로 많이 참으면서 자란다. 하지만 자식이 적으면, 특히 외동인 경우에는 이럴 일이 없다. '금지옥엽'으로 키웠더니 나중에는 손을 쓸 수 없는 정도로 제멋대로 구는 아이가 되어 있더라는 소리를 심심치 않게 듣는다.

특히 딸은 어렸을 때부터 눈에 넣어도 아프지 않을 만큼 예뻐하기 때문에 '세상의 중심은 나'라고 믿으며 커버린 예가 더 많다. 이것은 매우 바람직하지 않은 일이다.

제멋대로 구는 아이는 세상과 타협할 줄 모른다. 주위 사람들의 의견이 어떻든 자신이 아니라고 생각한 일은 절대로 받아들이지 않는다. 타인을 배려할 줄 모르고 늘 자신이 우선이어야만 한다. 떼를 쓰면 모든 게 해결된다는 생각을 갖는다. 상대를 대화로 설득하기보다는 일방적인 분노로 상황을 종료한다. 이런 경험이 반복되면 아집과 고집이 가득한 사람으로 성장할 수밖에 없다.

물론 아이들은 누구나 제멋대로 구는 면이 있다. 싫다고 고집을 부리는 일은 어쩌면 성장을 위한 통과의례라고 할 수 있을 정도다. 일반적으로 아이들은 '싫은 것도 해야 할 때가 있다', '싫다고 말하려면 충분한 근거를 대야 한다'는 점을 깨닫는다.

'피망은 싫어'에서 '피망은 쓰고 맛이 없으니까 안 먹을 테야'가 되고, '저 사람 싫어'에서 '저 사람이랑 만날 때마다 기분 나쁜 소리를 들어서 상처를 입기 때문에 만나고 싶지 않아'라는 식으로 상대방이 '그렇구나, 그렇다면 할 수 없지'라고 수긍할 수 있는 논리성을 익혀간다. 이렇게 함으로써 아이는 논리적 사고를 기른다.

모든 학습의 기초, 논리적 사고

그런데 아이가 이유를 말하기도 전에 '네가 싫다면 할 수 없지'라며 고집을 그대로 받아주면 어떻게 될까? 그 아이는 아무리 나이를 먹어도 논리적인 사고를 배울 수 없다. 어른 중에도 피망이나 당근, 아니면 특정한 사람을 덮어놓고 싫어해서 그 이유를 물어보면 '그냥 싫어'라고만 대답하는 사람이 있다. 여럿이서 이야기를 나누는데 특별한 이유도 없으면서 의견에 반대하는 사람이 바로 이런 사람이다.

　이런 사람을 보면 여러분은 어떤 생각이 떠오르는가? 겉으로는 잠자코 있어도 속으로는 '이상한 사람이군.' 하고 평가하지 않을까? 분명히 그렇다. 나는 '오냐오냐 하고 큰 사람은 논리성은커녕 지성조차 없다'고 판단하는 게 옳다고 생각한다. 논리적 사고를 '따지기 좋아하는 것'이라고 착각해서 '좋은 게 좋다'고 생각하는 사람도 있을지 모른다.

그러나 논리적 사고를 빼놓고 수학을 말할 수 없다. 모든 학습의 기초에는 논리성이 필요하다. 다시 말해 논리적 사고를 못한다는 말은 머리가 나쁘다는 뜻이다. 앞에서 예를 든 '어른이 되어서도 피망을 무조건 싫어하는 사람'을 떠올려보라. '이상한 사람'이라는 생각이 들지 않는가? 머리가 좋다는 것은 결국 논리적 사고를 할 수 있다는 뜻이다.

다시 말해 '멋대로 군다'는 논리적 모순을 방치하면 확실히 아이의 머리가 나빠진다는 것이다. 필요 이상으로 제멋대로 구는 행동은 용서하지 않겠다는 부모의 단호한 태도가 아이의 논리적 사고를 길러주고, 수학을 잘할 수 있게 해주며, 머리를 좋아지게 만든다. 경험으로 보아 이것은 틀림없는 사실이다.

09

아이의 판단력을 기르는
주도적인 쇼핑법

'판단력이나 결단력은 남자한테나 중요하지, 여자에게는 그런 능력이 필요 없다'라고 생각하는 사람이 있다. 이것은 '여자는 그저 조용히 아버지나 남편의 결정에 따르기만 하면 된다'는 남존여비 사상에서 기초한, 그야말로 전세기의 유물이라고밖에 말할 수 없다. 물론 지금은 그런 세상이 아니다.

그런데 '이제부터는 여자도 자기주장을 분명히 해야 한다'고 주장하면서도 막상 딸한테는 "투덜대지 말고 하라는 대로 해!"라고 윽박지르는 부모가 많다. 더구나 이렇게 말하는 엄마

중에는 자기 의견을 분명하게 말하는 강한 엄마가 많다. "여자는 조용히 남자 뒤를 따라가면 돼"라는 말과 "애들은 입 다물고 부모가 하라는 대로 하면 돼"라는 말은 도대체 얼마나 다른지 한번 물어보고 싶다.

고집이 세서 남의 말을 듣지 않는 부모 밑에서 자란 아이는 자기주장할 기회를 빼앗기고, 그 결과 판단력과 결단력이 부족한 아이로 자라기 쉽다. 아이에게 자기주장할 기회를 주지 않는 부모는 물건을 주는 방법도 다르다. 이런 부모는 흔히 말하는 '깜짝 이벤트'를 좋아한다.

아무 말도 하지 않고 있다가 갑자기 아이를 레스토랑에 데려가 맛있는 음식을 사준다든지, 아이가 사달라고 말하기 전에 아이가 갖고 싶어 하는 선물을 사온다든지, 방학이나 휴가 때 여행 갈 곳까지 모두 부모가 결정해버린다.

예상 못한 맛있는 음식을 먹고, 깜짝 선물을 받고, 미지의 장소로 여행을 떠났을 때 아이의 놀라는 표정과 탄성은 부모에게 기쁨이며 오락이기도 하다. 그러나 계속 이런 식으로 이벤트를 벌이면 아이는 '갑자기 눈앞에 멋진 물건이 나타나거나 근사한 일이 벌어지는 것'을 일상으로 받아들이고, 으레 그러려니 한다.

특히 스스로 생각하고 결정하지 않아도 저절로 멋진 물건이 나타나고 근사한 일이 일어나는 환경에서 자란 아이는 차츰 생각을 하지 않게 된다. 생각해도 소용없고, 생각하지 않아도 원하는 결과를 얻을 수 있기 때문이다.

생각 없이 산다는 것은 뇌의 기능이 떨어진다는 말이다. 다시 말해 바보가 된다는 뜻이다. 아이에게 필요할 거라며 아이 의견도 묻지 않고 물건을 사주거나, 미지의 장소로 데려가는 행동은 일부러 아이의 머리를 나쁘게 만드는 꼴이 될 뿐이다. 머리 좋은 아이로 키우고 싶다면 스스로 생각하고 결정하는 '판단력'을 길러줘야 한다.

아이의 판단력을 키우는 가장 쉬운 방법

그렇다면 아이의 '판단력'은 어떻게 길러줘야 할까? 쉽게 실천할 수 있는 효과적인 방법은 바로 아이와 함께 쇼핑을 하는 것이다. "작년에 입던 치마가 벌써 작아졌구나. 우리 백화점에 옷 사러 갈까?" 하고 아이와 미리 약속을 한다. 그러면 아이는 여러 가지 상상을 하고 꿈을 꾼다. 그러나 실제로 꿈과 현실은 사뭇 다르다.

여러분도 이런 경험이 있겠지만, 비록 옷 한 벌을 살지라도 수많은 생각 끝에 '판단'을 내려야 한다. 자기에게 어울리는 디자인인지부터 시작해서 갖고 있는 옷과 맞춰 입을 수 있는지, 얼마나 많이 입을 수 있는지, 색과 소재는 어떤지, 너무 어려 보이거나 너무 늙어 보이지 않는지, 가격은 적당한지 등 여러 가지 조건을 생각한 끝에 판단을 내려야 한다.

이 일을 아이에게 시켜보자. 아이는 처음 얼마 동안은 자신이 좋아하는 색이나 캐릭터라는 이유만으로 옷을 고른다. 이때 "이런 색의 옷은 많지 않니?", "이 캐릭터는 어린애 같아 보이지 않을까?" 하고 엄마의 의견을 말해서 궤도를 수정하게 하고, 마지막에는 아이 스스로 결정하게 한다. 그렇게 하는 동안 차츰 아이에게 '판단력'이 길러진다.

요즘은 인터넷 쇼핑몰에 올라온 정보만 보고 옷을 사는 사람이 늘었다. 집에서 옷을 사는 만큼 가지고 있는 옷과 어울리는지 등 많은 점을 냉정하게 비교·검토할 수 있고, 무엇보다 밖으로 나가는 수고를 덜 수 있어서 편리하다.

그러나 교육이라는 관점에서 보면 이런 방법으로 물건을 사는 것에는 반대한다. 실제로 만져보고, 입어보고, 어떻게 활용할지 상상해본 뒤에 종합적으로 판단해서 살 것인지 안 살 것인지 결정하는 과정은 좀처럼 결단을 내리지 못하는 아이에게 아주 좋은 훈련 방법이 된다. 물론 그런 것들을 배운 뒤에 인터넷 쇼핑을 한다면 문제는 없다.

현명한 쇼핑은 아이의 판단력을 길러주고 머리를 좋아지게 만든다. 언제나 다른 사람이 대신 결정해주기를 잠자코 기다리는 아이로 만들지 않기 위해서도 꼭 실천해보기 바란다.

아이의 감수성을
성적표 속에 가두지 마라

지금까지 '판단력 있는 아이'에 관해 이야기했다. 그렇다면 과연 '판단력'이란 무엇을 말할까? 그것은 '사물을 객관적으로 비교·검토하고 정보를 수집해 종합적으로 결단을 내리는 능력'을 말한다.

이것과 상반된 능력을 '직관력'이라고 하는데, 이것은 '이치를 따지지 않고 마음의 움직임을 따르는 힘'이다. 판단력과 직관력을 함께 지니는 것이 진정한 의미에서의 현명함이라고 할 수 있다. '판단력'을 학문, '직관력'을 예술로 바꿔서 이해해도 좋다.

학문이란 우리 주위에서 일어나는 삼라만상에 흥미를 갖고, 그런 현상이 일어나는 원인을 밝혀내기 위해 여러 가지 검증을 하는 것으로, 그 밑바탕은 과학을 탐구하려는 마음이다. 이에 반해 예술이란 우리 주위에서 일어나는 삼라만상에 촉발되어 움직인 자신의 마음을 여러 가지 형태나 소리로 타인에게 전하는 것으로, 그 밑바탕은 자기표현이다.

학문과 예술은 상반된 것이라고 생각하기 쉽지만 그 뿌리는 '자신을 높이려는 작용'이라는 점에서 같다. 학문을 하는 데 빼놓을 수 없는 것이 '호기심'이고 예술을 하는 데 빼놓을 수 없는 것이 '감수성'인데 학문으로는 머리가 좋아지고, 예술로는 마음이 위안을 받는다는 것을 생각하면 학문과 예술은 교육의 두 기둥이라고 할 수 있다.

그런데 아이를 기를 때 학문은 중시하는 반면 예술은 소홀히 여기기 쉽다. 이것은 큰 잘못이다. 앞에서 다루었듯 딸은 아들에 비해 '감수성'이 풍부하다. 사소한 물건이라도 아끼는 애착심, 아름다운 것이나 멋진 것을 보았을 때 눈을 반짝이며 넋을 잃고 쳐다보는 마음의 움직임은 나이가 어릴수록 더 많이 볼 수 있다.

이른바 '좋은 학교'에 들어가기 위해서 주입식 학습을 강요

10 아이의 감수성을 성적표 속에 가두지 마라

하거나 학교에서 돌아오자마자 학원에 보내고, 예습·복습을 시키는 동안 아이의 감수성은 놀랄 만큼 빠르게 무뎌진다. 이것은 마치 딸의 매력을 빼앗아버리는 것과 같다.

나는 재능의 싹을 밟아버리는 모든 악의 근원은 '무조건 외우는 학습'에 있다고 생각한다. 아이는 호기심이 이끄는 대로 행동하고 경험하면서 배운다. 그것이 진정한 교양을 익히는 본연의 자세다.

"하지만 시험에 붙으려면 주입식 학습, 그러니까 암기를 빼놓을 수 없어요. 다양한 경험은 대학에 들어가고 난 뒤에 해도 충분해요."

이런 소리가 들리는 것 같다. 그러나 '암기식, 주입식 학습은 아이를 망친다'는 내 주장에는 변함이 없다. 만약 아이가 예술 활동을 한다면 공부하느라 지친 몸과 마음을 달랠 수 있고, 또 자신의 감수성도 높일 수 있다. 그림을 그리고 악기를 연주하는 일은 아이의 '감수성'을 지켜준다는 의미에서도 반드시 필요하다.

우리의 어린 시절을 돌이켜보자. 친구들과 뛰어놀고 엄마 아빠와 소풍이나 나들이를 가고, 명절 때 지방의 친척 집에 방문하는 등의 일은 지금도 기억이 생생하다. 그 추억들이 있기에 어린 시절이 조금 더 풍요로울 수 있었다고 믿는다. 부모의 욕심으로 아이의 어린 시절을 망치지 말자. 놀이, 음악, 미술, 체육, 감상, 독서, 여행 등의 경험은 공부를 방해하는 요소가 절대 아니다. 다양한 경험을 많이 한 아이들이 그렇지 않은 아이들보다 판단력과 직관력이 높다는 사실도 이를 증명한다.

성적표라는 숫자에 갇힌 아이의 감수성

앞에서도 이야기했듯이 악기를 배운다는 것은 인내의 연속이다. 그러나 힘들고 지루한 시기를 이겨내면 마침내 악기로 자신을 표현할 수 있게 된다. 다른 사람이 내준 주제에 맞추어 그림을 그리던 아이는 이제 자신의 심정을 그림으로 자유롭게 표현할 수 있고, 책을 많이 읽어 이야기의 세계에 친숙한 아이는 자신의 기분을 글로 나타낼 수 있게 된다.

오랜 세월 동안 아이들을 지도해온 나는 모든 아이가 자신의 가치를 높이고, 자신을 표현하는 수단으로 예술 활동을 하는 것이 바람직하다고 생각한다. 성적이나 내신 등급이 올라가면 부모는 아이의 머리가 좋아졌다고 기뻐한다. 그러나 눈에 보이는 숫자에만 신경 쓰지 말고 아이가 보여주는 감수성과 음악, 그림 등 예술적인 감성을 놓치지 말기 바란다.

하지만 예술적인 감성은 저절로 싹트는 것이 아니다. 우리 아이에게 어떤 예술적 재능이 숨어 있는지 찾아내라고 하면 어떻게 해야 하는지 몰라서 당황하는 사람도 있을 것이다. 이는 아이가 놀고 있는 모습이나 표정 변화, 하루 종일 떠드는 이야기 등을 관찰해보면 찾을 수 있다.

다른 놀이는 금방 싫증내는데 종이와 크레파스를 주면 시간 가는 줄 모르고 그림을 그린다든지, 피아노 이야기를 할 때면 갑자기 부러운 표정을 짓는다든지, 음악이 들리면 춤을 춘다든지 하는 식이다.

아이를 관찰하는 것은 교육의 기본이다. 그리고 그것을 좀 더 정확히 해낼 수 있는 사람은 부모밖에 없다. 관찰 없이는 절대로 아이를 잘 기를 수 없다. 표현 행위인 예술적인 감각도 관찰 없이는 발견할 수 없다.

성적표나 시험 점수만 보지 말고 다시 한 번 아이를 찬찬히 살펴서 내 딸 안에 잠자고 있는 예술의 싹을 찾아내자.

취미 없는 딸은
결국 불행해진다

평균수명이 늘어나면서 '인생은 80세'부터인 시대를 맞이하고 있다. 게다가 90세까지 건강하게 사는 사람도 드물지 않은 세상이다. 다시 말해 일을 그만두고도 20년 넘게 더 살아야 한다는 말이다. 자, 이 긴 세월을 여러분은 어떻게 살 것인가?

'일을 그만두고 느긋하게 살고 싶다'는 말을 자주 듣는다. 바쁘게 산 사람일수록 그런 꿈을 꾼다. 그러나 느긋하게 보내는 시간이 계속되면 금방 싫증나고 질리지 않을까?

'할 일이 없다'고 말하는 사람은 불행한 사람이다. 지루함은 사람에게서 살아갈 기력을 빼앗는다. 그럴 때 '취미'가 있다면 얼마나 큰 도움이 될까? 물론 도박 같은 것은 취미가 아니다. '취미'란 자신의 가치를 높여주고 자신을 표현할 수 있는 것이어야 한다.

예를 들면 꽃을 가꾸거나 과자를 만드는 일은 취미로 삼아도 좋다. '이렇게 하면 더 낫지 않을까?' '좀 더 좋아지려면 어떻게 해야 할까?'를 생각하고 시행착오를 거듭하면서 자기만의 방법을 찾아낸다. 이것은 예술 활동과도 일맥상통하는 '자신의 가치를 높이는 작업'이라고 할 수 있다.

취미는 많을수록 좋다. 악기를 다루고, 그림을 그리고, 뭔가를 만들고, 자연을 접하는 등 취미가 다양하면 인생을 좀 더 즐겁게 살 수 있다. 그렇다. 다양한 취미생활은 행복한 인생을 보장해준다.

아이의 마음을 해방시켜주는 탈출구

나이가 들어서 일을 그만둔 뒤에 취미를 찾는 사람이 있다. 아니면 아이를 다 기르고 난 뒤에 '마음을 쏟을 무엇인가'를 찾아 문화센터에 다니는 사람도 있다. 그런 사람들은 한결같이

"좀 더 빨리 시작했으면 좋았을 텐데"라며 아쉬워한다. 늦었다고 생각할 때가 가장 빠르다고 했다. 그러나 일찍 시작할수록 더 많은 즐거움과 충만감을 얻을 수 있다는 것도 분명한 사실이다. 그러므로 자녀가 어렸을 때부터 '취미의 싹'이 될 수 있는 다양한 것을 경험하게 하는 게 좋다.

요즘 부모들은 '아들이든 딸이든 좀 더 나은 인생을 살려면 조금이라도 좋은 학교에 가야 한다'고 생각한다. 그 때문에 어렸을 때부터 아이들을 학원에 보내거나 공부를 시킨다. 공부하는 것 자체를 부정하려는 것은 아니다. 그러나 '공부만 하면 된다'는 사고는 옳지 않다.

공부를 강조하는 부모가 저지르기 쉬운 잘못 중에 하나는 입시학원에 보내기 위해 특기활동을 그만두게 하는 것이다. 유치원 때부터 가르쳤던 피아노와 발레, 수영 등을 고학년이 되면 그만두게 한다. 지금 가장 중요한 것은 공부라고 생각하기 때문이다.

만일 여러분이 이렇게 생각한다면 지금 당장 그 생각을 바꿔야 한다. 수준 높은 학교를 목표로 정했든, 학교 수업이 많아졌든, 그때까지 계속하던 취미생활을 그만두게 하면 안 된다. 어떻게든 시간을 잘 활용해서 반드시 계속하게 해야 한다.

왜냐하면 특기활동으로 기른 '자기표현력'은 수험공부의

효율을 높여주기 때문이다. 암기하느라 터져버릴 것 같은 머리를 피아노로 식혀주거나 수험공부를 하느라 한계에 다다른 인내심을 발레로 풀어준다거나 땀을 흘리는 운동으로 스트레스를 승화시킨다면 특기활동은 수험공부로 잔뜩 조여진 아이의 마음을 해방시켜주는 탈출구가 될 수 있다.

입시에도 도움이 되는 취미활동

오랫동안 책상 앞에 앉아서 오로지 공부만 하는 것이 유일무이한 학습법이라고 믿는 사람이 많은데, 이 방법은 스트레스만 쌓이게 할 뿐 그다지 효율적이지 않다. 공부에 지쳤을 때 피아노 같은 취미활동으로 기분을 전환하고, 그 뒤에 다시 공부에 몰두하면 학습효과가 훨씬 더 높아진다.

'풍부한 감수성'은 인간적인 매력이 넘치는 딸로 키우는 데 빼놓을 수 없는 조건이다. 그런데 '감수성'은 기계적으로 사물을 머릿속에 쑤셔 넣는 암기식 학습을 하는 동안 순식간에 사라진다. 그 결과 머릿속에는 엄청난 지식이 들어 있지만 그 지식을 어떻게 사용해야 할지 모르는 무미건조한 인간이 되거나 일류대학 학생이라는 것만 내세우는 권위주의자가 된다. 여러분은 자녀가 그런 시시한 인간으로 자라기를 바라는가?

좀 더 좋은 학교를 목표로 삼는 것은 좋다. 입시라는 가혹한 경주에서 이기기 위해 일정 기간 공부에 몰두해야 한다는 현실도 인정한다. 그렇다고 아이의 소중한 취미활동을 막거나 인간적인 매력까지 빼앗아서는 안 된다.

한 번 더 이야기하겠다. 아이에게 암기식, 주입식 학습을 너무 심하게 시키면 안 된다. 어쩔 수 없이 암기 학습을 시킬 때도 취미활동을 할 출구는 열어놔야지 그렇지 않고 주입식 학습에 모든 것을 쏟는 것은 백해무익하다. 부모가 먼저 이 사실을 명심해야 한다.

취미활동은 아이가 입시에 성공할 수 있도록 도와주는 동시에 나이든 뒤에 여생을 행복하게 보내기 위해서도 빼놓을 수 없는 중요한 요소임을 기억하자.

세상과 어우러지는
'매력 있는 딸'로 키워라

나는 오랜 세월 수많은 아이들을 만났고, 또 그들을 이끌어주는 일을 했다. 나는 많은 사람을 상담하면서 '부모로서의 의무와 권위'에 관해 생각했다. 부모는 아이가 행복하게 살 수 있도록 모든 노력을 기울여야 한다는 점에 이의를 제기할 사람은 없을 것이다. 배우자에게 다소 불만이 있어도 원만한 부부관계를 유지하고(때로는 연기도 필요하다), 가족이 건강하게 살 수 있도록 식생활과 생활습관을 정하고, 아이들이 제대로 교육받을 수 있게 도와주는 등 해야 할 일이 너무나 많다.

그러나 사회 전반을 내다보고 '사회에 공헌할 인간을 만든다'는 사명감이 있는 부모는 그렇게 많지 않은 것 같다. '사회에 공헌할 수 있는 인간'이라고 해서 다른 사람위에 군림하는 사람이 되라는 말이 아니다. 생활을 편리하게 만들어주는 신기술 개발자를 목표로 삼으라는 말도 아니다. 그것은 훨씬 간단하고 단순한 일이다. 이는 남을 배려할 줄 알고, 누구와도 대화를 나눌 수 있으며, 함께 있어서 즐겁고 편안한 사람으로 이끌어주는 일이다.

여자아이만의 장점을 길러줘라

이 책에서 나는 여자아이에게 중요한 것은 감수성과 포용력, 그리고 인내력이라고 말했다. 또 다양한 취미생활을 즐길 줄 아는 매력적인 여자의 중요성도 이야기했다. 내가 거듭 이런 중요성을 이야기하는 것은 여자아이는 '누구와 만나도 쉽게 친해지고, 그 자리의 분위기를 부드럽게 만들 수 있는 사람, 곧 사회에 공헌할 수 있는 사람'으로 기르면 좋겠다는 마음에서 비롯된 것이다.

그러기 위해서는 아이에게 감수성과 포용력, 인내력을 길러주는 것이 무엇보다 중요하다. 그러나 이것은 가르쳐서 되는 게 아니다. 아이에게 감수성을 풍부하게 기르라고 말한다고 해서 어느 날 갑자기 아이의 감수성이 싹트지는 않는다. 그러면 어떻게 해야 할까?

부모는 아이를 잘 관찰하다가 길러줘야 할 장점이 보이면 놓치지 말고, 짓밟지 않도록 조심하면서 길러주면 된다. 그와 동시에 예술 활동을 접하게 하거나 남녀노소를 불문하고 많은 사람과 어울릴 기회를 자주 만들어줘서 '감수성'과 '포용력' '의사소통 능력'이 더욱 잘 자랄 수 있게 해주는 것도 중요하다.

그리고 아이에게 싹튼 감성을 지켜보면서 그 감성이 더욱 잘 자랄 수 있게 도와준다면 더 바랄 나위 없는 최고의 교육이라 하겠다. 공부와 생활습관을 가르치면서 아이에게 인내를 강요할 때가 많다. 여자아이는 남자아이에 비해 잘 참기 때문에 딸을 키우는 부모는 이 점에서 그다지 힘들어하지 않는다.

그런데 쓸데없이 아무 때나 참으라고 하면 본래 지니고 있던 '감수성을 잃어버린 아이'나 감정의 기복이 별로 없는 '감정이 메마른 아이'가 되어버린다. 암기학습에 방해가 되는 것은 '이것은 어떻게 하는 걸까?'라는 순수한 의문을 품는 호기심과 사소한 것에서도 아름다움을 느끼는 '감수성'이다. 주입식 교육은 여자아이에게서 감수성을 빼앗아간다는 사실을 분명히 알아야 한다.

　여자아이의 학습능력을 높이는 비결은 꾸준히, 그리고 착실히 공부하면서 차곡차곡 실력을 키워가는 데 있다. 이때 중요한 것은 '열심히 하는구나', '잘하고 있구나' 하고 칭찬하는 것이다. 하지만 명심해야 할 점은 부담을 주지 않으면서 아이의 노력을 진심으로 인정해주어야 한다는 것이다. 이렇게 하면 딸은 기쁨을 느껴, 좀 더 열심히 하겠다는 마음이 드는 동시에 남을 배려하는 마음의 중요성과 다른 사람에게도 똑같이 대해주고 싶다는 따뜻한 마음을 배운다. 그러는 동안 감수성과 포용력, 인내력이 길러진다.

공부보다 인간적인 매력이 중요하다

가족의 따뜻한 관심을 받으며 자신의 타고난 능력을 소중히 가꾸면서 생활하는 아이는 누구보다 밝게 자란다. 밝게 자란 아이는 존재하는 것만으로도 '밝고 활기찬 에너지'를 발산한다. 이 '밝고 활기찬 에너지'는 주위의 분위기를 밝게 만들고 기분을 좋게 한다.

　이것이야말로 가장 바람직한 '사회공헌'이 아닐까? 우울한 아줌마와 경쾌한 아줌마. 사람들은 어떤 사람을 좋아할까? 너무 시끄러우면 남에게 피해를 줄 수도 있지만 자신을 조절할 줄 알고 남을 배려할 줄 알면서 밝은 사람은 누구나 좋아한다.

자신이 좋아하는 것이 무엇인지 알고, 자신의 '감수성'으로 다양한 것을 느낄 줄 아는 아이는 처음 만나는 사람에게도 적극적으로 말을 걸고, 제멋대로가 아닌 누구나 공감할 수 있는 자기주장을 펼 수 있다. 그리고 주위의 의견에 좌우되거나 남에게 판단을 미루지 않고 주체적으로 움직인다.

사회에서 여성에게 '주체성'을 요구한 지 오래되었다. 앞으로는 주위 사람들의 기분까지 헤아리는 마음과 활기까지 요구할 것이다. 미래 여성의 필수 조건은 '남자에게 의존하지 않고 살아갈 수 있는 경제력'이라고 꼽는 사람도 많은데, 물론 그것도 중요한 조건이다. 그러나 어떤 경우에도 인간으로서 매력이 있어야 한다는 점이 무엇보다 중요하다. 여러분의 자녀가 장래 커리어우먼이 되든 전업주부가 되든 마찬가지다. 부디 아이 안에 자라고 있는 '매력의 싹'을 자르지 말고 소중하게 키워주기 바란다.

13

좋아하는 일을 찾도록 돕는 것이
부모의 역할이다

∨∨∨∨∨∨∨∨∨∨∨∨∨∨∨∨∨∨∨∨∨∨∨∨∨

여러분은 '인생을 살아가는 의미'가 무엇이라고 생각하는가?
화목한 가정이라든지 가족에게 편안한 생활을 제공하는 것이
라든지, 사람마다 '인생을 살아가는 의미'가 있을 것이다. 정신
적인 것에서 의미를 찾는 사람도 있겠고, 물질적으로 넉넉한
생활에 가치를 두는 사람도 있을 것이다.

그것을 모두 통틀어서 '인생의 의미'를 한마디로 정리한다
면 '인생의 의미는 자신이 하고 싶은 일을 찾고, 그것을 실천해
가는 것'이라고 말하고 싶다. '자신이 하고 싶은 일'이란 다시

말해 자신이 좋아하는 일, 열정을 갖고 꾸준히 할 수 있는 일이라고 바꿔 말해도 좋다. 좋아하는 일을 찾고, 그것으로 돈까지 벌 수 있다면 얼마나 행복한 인생인가?

물론 계획을 면밀하게 세워 인생을 펼쳐나가는 것도 한 가지 방법이다. 누구나 '안전'하고 '안정'된 것을 좋아한다. 하지만 가령 두 여학생이 병원 채용시험에 응시했다고 하자. 면접관이 여학생들에게 이 병원에 지원한 이유를 물었다. 한 여학생은 '특별히 의학에 흥미가 있는 건 아니지만 의대에 가면 장래가 보장된다는 말을 듣고 의대에 갔다. 게다가 이 병원은 월급도 상당히 많아서 안정되게 살 수 있어 이 병원에 취직하고 싶다'라고 대답했다. 다른 한 여학생은 '나는 돈도 중요하지만 그보다는 사람의 생명을 구하는 일에 평생을 걸고 싶다. 이 병원에 취직된다면 특히 어린이의 생명을 구하는 데 힘쓰고 싶다'라고 대답했다. 여러분이 면접관이라면 어떤 학생을 뽑겠는가?

좋아하지 않는 일을 직업으로 삼는다면 새로운 제안을 내놓기 어렵다. 흥미가 없기 때문에 아무런 발상도 떠오르지 않는 것이다. 그러면 당연히 위에서 시키는 일만 하게 된다. 원래 흥미가 없는 일을, 그것도 억지로 하기 때문에 고통스러운 일이 될 뿐이다.

이에 반해 좋아하는 일을 직업으로 삼으면 정신적 · 육체적으로 아무리 힘들어도 피로를 느끼지 못하고 매달릴 수 있다.

부모만이 할 수 있는 교육

좋아하는 일을 한다는 것은 하루하루 행복하게 사는 데 빼놓을 수 없는 조건이다. 이처럼 교육의 핵심도 아이가 좋아할 일을 찾아내서 몰두하게 하는 데 있다. 이때 필요한 것이 바로 부모의 '관찰력'이다.

"우리 애는 ○○ 놀이를 할 때는 몇 시간이고 집중한다", "자기 자신은 잘 모르는 것 같지만 이걸 잘한다"라는 식으로 아이가 뭔가에 집중해 있을 때 가만히 지켜보면 '좋아하는 일', '잘하는 일'을 찾을 수 있다. 그것을 찾았다면 전문가에게 보내서 키워주거나 더 좋은 도구를 갖춰주는 등 '일'에 열중할 환경을 갖춰준다. 이것은 부모만이 할 수 있는 교육이다.

아이 스스로 "○○를 하고 싶다"고 말하면 좋은 기회라고 생각하고 가능한 빨리 시작하는 것이 좋다. 그러나 이때 주의해야 할 점이 있다. 재미있을 것 같아서 시작했는데 생각만큼 재미있지 않다고 느끼는 아이의 변화를 받아주는 것이다. "네가 하고 싶다고 한 일이니까 끝까지 해!"라고 강요하는 것은 하기 싫은 일만 하나 더 늘려주는 결과를 초래한다.

아이들은 끈기와 집중력이 약하다. 변덕은 당연한 일 중 하나다. 아이는 아이일 뿐이다. 아이를 어른처럼 대하지 말라는 이야기다. 싫어하는 것은 물론 좋아하는 것 역시 아이가 선택했다면 가감 없이 받아들여야 한다. 물론 매사 쉽게 싫증을 내는 자녀를 둔 부모의 스트레스를 모르는 바 아니다. 언제까지 아이의 응석을 받아줘야 하는지 고민이 깊은 것도 안다. 하지만 이도 다 한때다. 자신이 정말 좋아하는 것, 흥미 있는 일, 재미있는 화두를 발견하면 주변의 만류에도 불구하고 몰입하는 게 아이들이다.

일단 아이에게 시켜보라. 그리고 즐겁게 하면 계속 밀어준다는 태도를 취하라. 인생을 살면서 '예전에는 학원 선생님이 싫어서 그만뒀지만 이제 다시 해보고 싶다'고 생각하는 일은 흔히 있다. '초지일관'이라든지 '한 입으로 두말하지 않는다'는 융통성 없는 생각을 강요하는 것은 아이에게도 좋지 않다.

아이는 즐겁게 할 수 있는 일은 오래 한다. 그러므로 부모도 여유를 갖고 아이가 좋아할 만한 일을 찾아주는 것이 중요하다.

부모의 욕심을 채우려고
학원에 보내지 마라

∨∨∨∨∨∨∨∨∨∨∨∨∨∨∨∨∨∨∨∨∨∨∨∨∨∨∨∨

'어떤 중학교를 보낼까?'라고 부모가 생각하기 시작하는 것은 언제부터일까? 교육 환경이 열악하다고 소문난 중학교에 내 딸을 보낼 수 없다는 부모가 많을 것이다. 혹은 명문 사립초등학교에 보내려다 실패하여 중학교 입시야말로 사활을 거는 부모도 있을 것이다. 물론 부모가 다니고 싶었던 학교에 딸을 보내기 위해 안달 난 부모도 있을 것이다.

명문 사립중학교는 교육환경과 공부 습관을 형성할 수 있다는 장점이 있지만, 내신을 받기는 어렵다. 여기서 좋은 점수를 받기 위해서는 시험을 잘 치는 것은 물론, 수업 태도, 수행평가 등 신경 써야 할 부분이 많다. 물론 '좋은 학교에 입학하면 어떻게든 관리해주겠지'라고 생각하는 부모도 있다.

어떤 이유에서든 부모들은 보통 아이가 11세가 될 무렵 중학교 입시를 의식하기 시작한다. 보통 '어느 학원에 보낼까' 하는 고민이 시작이다. 일부 부모는 중학교 입시를 제대로 준비하려면 10세부터 시작해야 한다고 주장한다. 이런 이야기를 들을 때면 나는 뭐라 말하기 어려운 기분에 빠진다. 중학교 입시 준비를 부정할 생각은 추호도 없지만, 너무 이른 나이부터 입시 준비에 박차를 가하는 아이들을 보면 "아이는 괜찮은 걸까?"라는 생각을 하지 않을 수 없다.

누구에게나 각자의 템포가 있다

아이의 발달에는 개인차가 있다. 갓난아기 때 좀처럼 일어나지 못하여 부모를 걱정시키던 아이가 걸음마는 빠르게 하기도 한다. 기저귀 졸업, 독서, 계산 등을 할 수 있게 되는 나이가 빠른 아이도 있고 느린 아이도 있다. 빠른 아이의 능력이 뛰어나다는 것은 아니다. 그것은 단순히 '개인차'다.

즉, 학원도 마찬가지다. 10세부터 학원을 다녀도 그것이 본

인에게 적합하다면 잠깐 싫증 내다가도 '중학교 공부란 원래 그런 것'이라며 책상 앞에서 엄청난 양의 암기를 해내기도 한다. 이런 방식이 잘 맞는 아이라면 문제가 없다. 하지만 그렇게까지 공부를 시키면 부작용이 생기는 아이도 있다. 그런 아이는 점점 궁지에 몰리게 되어 공부와 멀어진다.

덧붙이자면 여자아이가 학원 등원에 더 적합한 경향이 있다. 남자아이라면 "학원 다니기 싫어!"라고 반기를 들기도 하고, 학원에 간다고 하고 땡땡이를 치거나, 혹은 학원에 가서 수업을 듣지만 강사를 무시하는 등, 쉽게 반항하곤 한다. 그러나 여자아이는 부모가 권한 것을 잘 무시하지 못한다. 여자아이에겐 부모의 말은 순순히 따라야 한다는 심리가 있다. 게다가 사내아이처럼 "적당히 해두면 돼"라고 손을 뗄 일이 없다. 여자아이는 대체로 부모의 마음에 부응하려고 열심히 한다.

딸 가진 부모는 이런 아이의 마음에 보답하려고 학원을 더욱 열심히 보낸다. 이것은 언뜻 보기에 아주 좋은 일처럼 보인다. 만약 우리 아이가 다니고 있는 학원이 아이 개개인의 감수성이나 호기심에 따른 세심한 지도를 해주는 학원이라면 전혀 문제가 없다. 그러나 중학교 입시로 목표를 좁힌 학원이 그런 교육을 할 리가 없다. 실제로는 방대한 양을 오로지 머릿속에 담는 암기 학습이 주가 된다. 문제는 여자아이는 이를 필사적으로 따라가려고 한다.

아이가 '좋아하는 일'이 따로 있더라도 합격 전까지는 모조리 미루어둔 채 암기 학습에만 몰두한 결과, 남녀별 정원이 정해지지 않은 중학교 입시에서 좋은 성적을 거둘 가능성은 매우 높다. 여자애들은 열심히 공부하는 만큼 합격하기는 쉽다. 그러나 합격 이후에 개인차가 난다.

'시켜서 한 아이'는 필사적으로 공부하여 멋지게 합격한 후에 "아이고, 드디어 끝났다"라고 안도하며 미루었던 좋아하는 일을 재개하지도, 공부하다가 "붙으면 이거 하자"라고 생각했던 것을 시작하지도 못한다. 이런 아이는 수험이 끝난 후 껍데기만 남은 사람이 된다. 좋아하는 일이 있던 아이라도 그것을 재개하지 않고, 새로운 흥미를 발견하는 일도 없다. 다양한 '아름다운 것'을 발견하고 눈을 반짝이던 초등학생은 없어지고, 왠지 묘하게 식은 것 같은, 담담한 중학생이 완성된다. 즉, 여자아이에게 소중한 감수성을 잃어버리는 것이다.

이런 아이는 좋은 중학교에 들어가도 잘 성장하지 않는다. 대학 입시를 포함한 앞으로의 시험을 암기 학습으로 공부한다. 좋은 성적을 거두어 최종적으로 좋은 학력을 얻게 될지도 모르지만, 인간적인 매력이 없는 여성이 된다.

여자아이의 감수성은 그 매력과 함께 능력을 발휘하게 하는 여자아이만의 특성이다. 어렸을 때부터 학창시절까지 획득한 감수성이 만드는 '아름다운 것을 찾는 힘'은 직업을 갖게 되면서부터 진가가 드러난다. 하지만 감수성의 빛이 흥미가 없는 것들을 무작정 집어넣는 암기 학습으로 인해 점차 사라지고 있다. 단순히 '재미없다'라고 여기지 않고 그 속에서 멋지고 즐거운 점을 찾아 즐기는 마음이 사라진다는 것이다.

평생 가는 무기가 될 감수성의 힘

오늘날 "사회에는 멋지고 즐거운 일은 없다. 그러니 언제까지고 꿈만 꾸는 것은 좋지 않다"라고 말하는 어른이 있을지도 모른다. 하지만 그렇기 때문에 더더욱 소소하지만 멋지고 즐거운 것을 발견하려는 힘이 필요하다고 본다. 새롭게 직장 생활에 발을 디디는 사람들에게 이런 능력은 더욱 필요하다.

함께 일하는 젊은이가 단순히 주어진 일만 해내고서 충분하다 여기고 지시만 기다리고 있다고 생각해보자. 그러면 귀찮은 신입이라는 인상밖에 들지 않을 것이다. 반면 주어진 일에 눈을 반짝이며 즐기기 위해 노력하거나, 서투른 아이디어라도 새로운 제안을 하는 신입이 있다고 생각해보자. 그녀는 너무 바쁜 나머지 살벌해진 직장 분위기더라도 함께 숨 돌릴 수 있는 순간을 마련해주는 보석 같은 존재다. 시간이 지난 뒤 '동업자'로서 든든하게 여겨질 사람은 틀림없이 후자이다. 이것이 내가 "여자아이는 결코 감수성을 잃게 해서는 안 된다"라고 주장하는 이유이다.

교육설계사인 내가 중학교 입시를 결코 부정할 생각은 없다. 하지만 간과하지 않았으면 하는 점은 아이의 수준과 능력에 맞는 학교를 골라야 한다는 점이다. 또한 부모가 보기에 이상적으로 교육하고 있는 학교라도, 아이의 수준에 맞지 않은 학교를 지망하면 문제가 생긴다.

학원에서는 열심히 암기하면 합격은 꿈이 아니라고 말한다. 그들은 '힘내라'고 말하며 방대한 양을 암기시킨다. 반복하여 말하지만, 투덜거리지만 결국 해내는 아이도 분명히 있다. 하지만 그렇게 합격한다면 아이는 감수성과 매력을 잃은 힘없는 인간이 되는 첫걸음을 내디뎠다고 볼 수 있다. 중학교 입학 1년 전부터 학원을 다녀도 충분하다. 그때는 '뼈를 깎는 노력'으로 공부하는 게 아닌, '적당한 노력'으로 성취감을 느끼는 정도가 적당하다. 그리고 집에서 통학하는 시간이 편도 1시간 이내의 학교를 찾아 입시에 임하는 것을 추천한다.

'베이킹'을 하면
'제대로 하는 태도'가 길러진다

여자아이의 감수성을 높이면 결국 성적 향상으로 이어지고 직장 생활, 나아가 인생 전반에 도움이 된다는 말을 이해했을지 모르겠다. 이 감수성은 어떻게 길러지는가? 이는 '제대로 하고 싶다'와 '정돈된 상황이 좋다'라는 여자아이 본연의 특성 때문이다.

남자아이는 좋아하는 것이 뒤죽박죽이다. 그리고 혼란스러운 환경을 좋아한다. 반면 여자아이는 잘 정돈되고 깔끔하게 전시된 환경을 좋아한다. 물론 남녀의 틀에 들어맞지 않는 사람도 있지만, 여기서는 '그런 경향이 있다' 정도로 받아들이길 바란다. 여자아이는 고급 레스토랑이나 잘 정돈된 절 같은 공간에서 자연스럽게 태도가 바뀌고, 단정히 굴려고 노력한다.

이는 분위기의 차이를 감지하고, 그곳에 동화함으로써 평소와 다른 자신이 되는 여자아이만 가진 감수성의 능력이다. 이 능력이 없어지면 어떤 장소에서도 스마트폰을 만지느라 여념이 없는, 지루해하는 얼굴을 숨기려는 노력조차 하지 않는 무례한 아이가 된다.

단언컨대 상황에 따라 제대로 행동하지 못하는 아이는 결코 똑똑한 아이가 될 수 없다. 아이들의 성적을 높이기 위해 부모는 조기 교육이나 학원 찾기에 열성이다. 하지만 여자아이를 제대로 키우려면 일단 어릴 때부터 습관을 들이는 것이 중요하다. 즉 여자아이는 제대로 훈육하는 것이 궁극적으로 성적 향상으로 이어진다. '제대로 하는 태도'가 몸에 배여 있는 여자아이는 입시 공부를 시작했을 때 나름대로 자신만의 공부법이 생긴다. 차근차근 배워나가며 복습하고, 실생활에 접목하여 삶의 지혜로 삼는다.

그렇다면 '제대로 하는 태도'는 어떻게 익히게 하는 것일까? 일상에서 반복적으로 잔소리하는 것도 하나의 방법이다. '신발을 가지런히 정리해라', '손을 씻은 후에는 수건을 정돈해라', '식사 중에는 다리를 꼬지 말고 허리를 펴고 앉아라', '젓가락질을 제대로 해라' 등 지적할 부분은 셀 수 없이 많다. 이러한 예의범절도 중요하지만 장래에 사회로 나갈 한 개인으로서 익혀야 할 매너도 가르치는 것이 좋다.

꼼꼼한 아이를 만드는 베이킹 학습법

그중에서도 '제대로 하는 태도'를 익히게 하는 데는 '베이킹' 만한 것이 없다. 집에서 케이크나 쿠키 등을 만들어 본 사람은 알겠지만, 베이킹만큼 계량과 절차에 예민한 취미는 없다고 해도 과언이 아니다. 밀가루, 우유, 버터의 비율은 물론이고, 본격적으로 파고들면 계란을 한두 개 단위가 아닌 그램 단위로 재는 것이 요구된다.

절차 또한 까다롭다. 밀가루를 체에 밭치는 과정을 "아이고, 그 정도는 됐어"라고 건너뛰면 완성되었을 때 분명한 차이가 난다. 바로 '제대로 하는 태도'가 없으면 반드시 실패하는 것이 베이킹이다. 게다가 뒷정리의 어려움도 만만찮다. 사용한 도구들은 기름과 가루로 심각하게 더러워진다. 얼룩을 깨끗이 지우고 다음에 사용하기 쉽도록 보관하는 것은 '제대로 하는 태도'

를 축적한다고 말할 수 있다. 이 경험을 반복한 아이는 어떤 일이라도 제대로 하는 습관이 몸에 밴다. 물론 부모가 귀찮아져서 한두 번 반복하고 끝난다면 아이도 "과자를 만든 적이 있었는데 귀찮았다"라고 느껴버린다.

따라서 나는 일주일에 한 번 베이킹을 하는 시간을 갖는 것을 추천한다. 부모와 자식 간의 교류의 기회도 되고, 아이에게는 '제대로 만들고 나면 칭찬을 받을 수 있다'라는 기쁨을 얻을 기회가 된다. 부모가 "맛있다!"라고 말하며 기뻐하는 것만큼 아이에게 기쁜 일은 없다.

그리고 베이킹은 맛뿐만 아니라 완성된 음식의 아름다움, 깔끔한 플레이팅, 귀여운 포장 등 정성이 드러나기 쉬운 부분이 많은 만큼 칭찬받을 포인트도 많다. 여자아이는 누군가에게 인정받고 칭찬받는 일에 큰 기쁨을 느끼고, 좀 더 능숙하게 해내어 더 많은 칭찬을 받으려고 애쓰는 경향이 있다.

'제대로 하는 태도'의 중요성을 이제 알겠는가? 남들이 행복해할 수 있도록 노력하는 즐거움을 어릴 때부터 충분히 맛보고 기억하게 하는 것은 길게 보면 아이가 입시에 찌들지 않고 원하는 결과를 얻어낼 수 있게 하는 방법이다. 이 점을 아이의 머릿속에 새겨놓길 바란다.

PART 3
모두에게 사랑받는 딸로
키우는 비법

여자아이의 장점은 '사랑스러움'이라는 단어로
집약할 수 있다.
'사랑스러움'은 어디에서 생겨나는 것일까?
그 원천은 '감수성'이다.
'감수성'이란 다양한 일이나 사물에 민감하게 반응하고,
참신한 표현으로 생각을 드러내는 마음의 기능이다.

귀엽다는 칭찬을
아끼지 마라

초등학교 고학년에서 고등학교 사이의 여학생들에게 "반에서 어떤 아이가 싫으냐?"라고 물어보면 어떤 대답이 제일 먼저 나올까? 바로 '내숭 떠는 애!'라는 대답이다. 여러분이 어렸을 때도 똑같은 질문에 이런 대답이 많이 나오지 않았을까?

그렇다면 '내숭 떠는 애'는 예나 지금이나 또래들에게 미움받는 존재라는 말이 된다. 그런데 오늘날까지도 여전히 그런 아이들이 존재한다는 게 이상하다.

사실 예전의 '내숭 떠는 애'와 오늘날의 '내숭 떠는 애'는 표면적으로는 다를지 모른다. 그러나 '남에게 있는 그대로의 내 모습보다 더 잘 보이고 싶다'는 의미에서는 근본적으로 같다.

그렇다면 왜 모습을 꾸며서 잘 보이고 싶어 하는 걸까? 스스로 자신 있는 아이, 아니 설령 자신이 없더라도 떳떳한 자랑거리가 있다면 '다른 사람에게 인정받지는 못해도 나는 나야'라고 생각할 것이다. 이런 아이는 결코 남에게 잘 보이고 싶다든지 남이 잘 봐주면 좋겠다고 생각하지 않는다.

'나는 이대로의 내가 좋다. 남의 눈 따위는 신경 쓰지 않겠다' 이렇게 생각하는 아이는 스스로 잘 자란다. 왜냐하면 자기는 사랑받는 존재라는 확신을 바탕으로 자신감과 신념이 싹트기 때문이다. '나는 무엇이든 열심히 하면 반드시 잘할 수 있다'고 말이다. 그런데 다른 사람 눈에 어떻게 보일까만 신경 쓰고, 남에게 잘 보이려고 애쓰는 아이는 공부를 못한다. 아니 그보다 먼저 자신의 내면을 쌓고, 많은 것을 받아들여 한 단계 발전하는 기쁨을 맛보지 못한다.

'내숭 떠는 애'가 가장 싫다고 말한 아이들은 "내숭 떠는 애 중에 공부 잘하는 아이는 없어요. 모두 공부를 못해요"라는 말도 덧붙인다. 이렇게 자신감 없는 여자아이는 외모에만 신경 쓴다. 이런 여자아이들의 머릿속에 가득 찬 생각은 '어떻게 하면 다른 여자아이들보다 더 눈에 띄어서 남들에게 인기가 있을까?' 하는 것뿐이다. 이런 아이가 공부를 잘할 리 없다.

그대로의 네가 좋다

자신감 없는 아이가 내숭 떠는 아이가 된다. 왜 그런 아이들에게는 삶에 있어 가장 중요한 '있는 그대로의 자신을 보여줄 자신감과 긍지'가 없는 걸까? 도대체 무엇을 숨기고 싶기 때문일까?

아이가 이렇게 되는 데는 부모의 태도에 문제가 있다고 밖에 생각할 수 없다. 부모에게 인정받지 못했기 때문에 자신감이 없는 것이다. 부모가 자식을 소중하게 대해주지 않았기 때문에 아이는 자신의 가치를 찾아내지 못한다. 스스로 가치를 찾아내지 못하기 때문에 어떻게든 다른 사람에게 잘 보이려고 자신을 연출하고 꾸미는 것이다.

"그렇지 않다. 아이의 인격을 인정해줬고 틀림없이 소중하게 키웠다"라고 엄마들이 주장할지 모른다. 그렇다면 여기에서 질문 하나 하겠다. 최근 아이에게 '귀엽다'고 말한 적이 있는가? 아이가 어렸을 때는 시도 때도 없이 '귀엽다'고 칭찬하면서 키웠을 것이다. 그러나 아이가 성장하면서 '귀엽다'고 말할 기회가 많이 줄어든다. 어쩌면 아이에게 귀엽다는 말을 너무 많이 하면 자기가 정말로 귀엽다고 '착각'할까봐 우려해서 그 말을 안 하는 건 아닐까?

확실히 마음에도 없이 '귀엽다'는 말을 남발하는 것은 좋지 않다. 아이는 예민하기 때문에 '마음속으로는 그렇게 생각하지 않으면서 말로만 저런다'고 부모의 마음을 꿰뚫어보기 때문이다. 부모의 마음을 알아버린 아이는 부모를 믿지 않게 될 수도 있다.

아이가 기뻐하거나 부끄러워하는 모습을 보고 정말로 '귀엽다'는 생각이 든다면 감정을 숨기지 말고 '귀엽다'고 말하라. 이런 말 한마디가 딸을 기쁘게 하고 '나는 사랑받는다', '엄마는 항상 나를 지켜본다', '난 인정받고 있다'는 자신감을 갖게 한다. '이대로의 내가 좋다'는 생각을 자연스럽게 품게 한다.

그런 말을 꺼내기가 어색하다면 눈으로 말하라. '너는 정말 귀엽단다' 하는 눈빛으로 아이가 느낄 때까지 바라보자. 하지만 거울을 보고 제대로 연습해두지 않으면 아이에게 도리어 '기분 나쁘다'는 느낌을 줄 수도 있다.

이렇게 자신이 사랑받는다는 걸 느끼면서 자란 아이는 샛길로 빠질 확률이 낮다. 공부는 거들떠보지도 않고 외모에만 신경 쓰거나 다른 사람의 눈만 의식하는 일도 없다. 딸을 잘 키우는 첫걸음은 부모가 애정을 쏟는 것이다.

　부모는 딸의 존재 자체부터 인정해야 한다. 그리고 '귀엽다' 는 말을 많이 해야 한다. 딸은 아들보다 훨씬 감성적이다.

외할머니 같은 따뜻함으로
딸을 대하라

요즘 들어 맞벌이 가정이 늘어나면서 아이 교육 문제로 시어머니가 아닌 친정엄마와 함께 사는 집이 늘고 있다. 그리고 이런 가정의 아이는 공부를 잘하는 경우가 많다.

왜 그럴까? 물론 엄마가 밖에서 일하기 때문은 아니다. 그보다는 오히려 할머니와 함께 살기 때문이다. 먼저 '할머니, 그것도 외할머니'와 함께 사는 이점을 생각해보자. 외할머니와 함께 살아서 좋은 첫 번째 이점은 일단 엄마가 편하다는 것이다. 아이에게 좋은 점을 이야기하는 게 아니었느냐고 의아해할지 모르지만, 엄마가 편하면 아이도 편하다.

　주부는 늘 시간에 쫓긴다. 아침 일찍 일어나 서둘러 밥을 하고, 빨래와 청소를 하고, 가계부를 적고, 마당이 있으면 화초도 손질해야 한다. 게다가 꾸물거리는 아이를 재촉하고, 숙제가 있는지 없는지 확인하고, 공부하라고 다그치는 등 하루 종일 긴장을 늦출 틈이 없다. 집에 있는 주부도 이런데, 밖에서 일하는 엄마는 오죽할까? 집안일을 할 시간이 부족하기 때문에 늘 시간에 쫓긴다.

　엄마라면 누구나 '좀 더 느긋하게 아이와 지내고 싶다, 천천히 이야기를 들어주고 싶다'고 생각할 것이다. 그러나 해야 할 집안일이 산더미처럼 쌓여 있다면 좀처럼 생각대로 하기 어렵다. 이럴 때 친정엄마가 있으면 어떨까. 시어머니한테는 부탁하기 어려운 일도 친정엄마라면 마음 편하게 부탁할 수 있다. 집안일을 분담할 수 있다는 사실만으로도 엄마는 마음이 놓이기 때문에 아이를 여유 있게 대할 수 있다.

　두 번째 이점은 '할머니는 손자에게 약하다'는 것이다. 아이가 갖고 싶어 하는 것은 뭐든 사주거나 용돈을 마구 올려주는 할머니라면 곤란하다. 그러나 아이가 하는 말에 무조건 귀 기울여주고, 귀여워해주고, 언제나 아이 편이 되어주는 할머니, 다시 말해 아이의 존재를 온전히 받아주는 넉넉한 할머니는 아이에게 큰 위안이 된다.

물론 엄마도 아이의 이야기를 들어주고, 귀여워해주고, 아이의 편이 되어준다. 그러나 엄마는 아이를 위해 때로는 마음을 모질게 먹고 엄하게 대해야 할 때도 있다. 하지만 할머니는 그렇지 않다. 오로지 다정하게 받아주기만 한다. 누군가에게 위안을 받는 아이는 자신감이 생긴다. 편안하게 느끼는 사람이 가까이 있으면 정신적으로 안정되기 때문에 공부도 잘한다.

할머니의 역할과 엄마의 역할은 다르다

지금까지 할머니라는 존재가 주는 이점에 대해 알아보았다. 다시 말해 외할머니와 함께 살면 엄마도 아이도 정신적인 여유를 찾고 위로를 받아, 그것이 좋은 결과를 낳는다는 것이다. 그리고 또 한 가지, 특히 여자아이에게 좋은 점이 있다. 바로 '할머니는 많은 것을 알고 있고, 그것을 같이 해준다'는 점이다.

가령 쑥을 뜯어다가 쑥떡을 만들어준다든지, 머리를 땋는 방법은 물론 옷을 예쁘게 개는 방법도 가르쳐준다. 음식을 만드는 방법도 가르쳐주고, 옛날부터 내려오는 놀이도 가르쳐주고 숙제도 도와준다. '할머니의 지혜 보따리'가 여자아이의 호기심을 자극하고 다양한 경험을 쌓게 도와주는 것이다.

이것도 나중에 이야기하겠지만, 여자아이에게 가정적인 체험은 굉장히 의미가 커서, 장래 목표와 상관없이 매우 중요하다. 똑똑한 딸로 키우려면 반드시 집안일을 시켜야 한다. 집안일을 아주 자연스럽게 가르쳐주고, 지혜까지 전승해주는 할머니는 손녀가 성장하는 데 많은 도움이 된다.

손녀는 이런 일들을 빈틈없이 해주는 할머니를 사랑하고 따른다. 할머니와 함께 사는 아이가 똑똑하다는 말은 결국 집안 분위기가 화목하고 안정되며, 늘 깊은 애정을 느끼고, 생활하면서 다양한 체험을 쌓는다는 뜻이다.

사실 '할머니'와 함께 살지 않는 엄마가 '할머니의 몫'을, 그것도 바깥일을 하면서 같이하기란 현실적으로 상당히 힘들다. 그러나 그런 노력이 아이에게 미치는 영향이 매우 크다는 사실 또한 분명하다. 물론 겸업하기가 힘들기는 하지만 도전해볼 가치는 확실히 있다. 꼭 한번 시도해보기 바란다.

존경받는 아빠는
딸의 '남자 보는 눈'을 기른다

'의사의 딸은 머리가 좋다.' 이렇게 말하면 누구나 '당연한 소리!'라고 입을 모아 이야기할 것이다. 여러분은 '그 부모에 그 자식, 부모가 똑똑하니 자식도 머리가 좋은 건 당연하다', '의사는 돈이 많으니까 딸 교육에 아낌없이 투자할 수 있다. 그러니까 머리가 좋아지는 건 당연하다'는 이유 때문에 그렇게 생각하는 것은 아닐까? 이 두 가지 이유 중에서 후자에 관해서는 부정하지 않겠다. 그러나 '지능은 유전된다'는 의견에는 단호하게 반대한다.

지능이란 선천적으로 정해지는 것이 아니라 후천적인 것이다. 이 세상에 태어나서 경험을 다양하게 쌓고 많이 배운 사람일수록 지능이 높다. 이 점은 분명히 짚고 넘어가고 싶다.

다시 처음으로 돌아가자. 그러면 왜 의사의 딸은 머리가 좋을까? 그것은 '끊임없이 공부하고 노력하는 아빠의 모습을 가까이에서 보면서 존경하는 마음'을 갖기 때문이다. '아이는 부모의 등을 보고 자란다', '자녀는 부모의 거울이다' 등의 말이 괜히 있는 게 아니다.

매일 밤 제약회사의 접대를 받느라 늦게 들어오거나, 모임을 구실로 술만 마시는 의사도 있지만 기본적으로 의사라는 직업에 종사하면 늘 새로운 의학정보를 접하고 배워야 한다. 책도 많이 읽고 논문도 써야 한다. 아이는 평소에 아빠의 이런 모습을 보고 '우리 아빠는 공부를 많이 한다'고 생각한다.

특히 아빠가 병원을 직접 운영하는 경우, 아빠가 일하는 모습을 쉽게 볼 수 있는 데다가 많은 사람이 아빠를 '선생님'이라고 부르며 존경하는 것도 안다. 이 결과 아이의 마음에는 '우리 아빠는 훌륭하다'는 존경심이 싹튼다. 그리고 의사는 공부를 많이 했기 때문에 아이의 공부도 봐줄 수 있고, 아이가 다양한 질문을 해도 비교적 쉽게 대답할 수 있다. 이리하여 아이는 더욱더 아빠를 존경하게 된다. 아들에게 아빠는 '넘어야 할 목표'

같은 존재이지만 딸에게는 '이상적인 남자'의 모델이 된다.

딸에게 존경받는 아빠가 되려는 노력

늘 공부하고 노력하는 부모를 보면서 자란 아이는 머리가 좋아질 수밖에 없지 않을까? 이렇게 말하면 '우리 남편한테는 무리'라고 포기하는 엄마, '난 의사도 아니고, 될 수도 없다'고 포기하는 아빠가 속출할지 모른다.

정말로 그럴까? 의사라는 직업에 종사하는 사람만 딸에게 존경받을까? 그렇지 않다. 물론 다른 사람에게 '선생님'이라고 불리는 직업을 가진 부모는 아이에게 존경받을 확률이 높다. 그러나 '선생님'이라는 소리를 듣지 못해도 딸에게 존경받는 아빠가 되려고 노력하는 데 의미가 있다.

가령 베스트셀러뿐만 아니라 여러 분야의 책을 많이 읽고, 책 읽는 모습을 아이에게 보여주거나 음악이나 그림 등 예술적인 취미를 즐기는 것도 좋다. 중요한 것은 '뭔가에 몰두해 있는 모습'을 아이에게 보여주는 것이다. 그리고 '몰두해 있는 분야에서 성공하는 모습'까지 보여줄 수 있다면 더 바랄 게 없다.

"우리 아빠는 집에 있을 때 팬티 차림으로 맥주만 마신다"

라는 소리만 듣는 아빠는 딸에게 존경받지 못한다. 이런 아빠에게 날마다 책을 읽으라고 말할 생각은 없다. 그랬다가 집에 있는 것이 답답해지거나 고통스럽다고 호소한다면 그야말로 본말이 전도되기 때문이다.

'우리 아빠는 언제나 팬티 차림으로 맥주를 마시지만 책도 많이 읽고, 어떤 책이 재미있는지 우리에게 가르쳐준다'든지, '집에서 고장 난 물건은 언제나 아빠가 고친다' 등 딸이 아빠가 멋있다고 생각하게 만들 일을 하라고 남편에게 귀띔하는 것도 좋다. 그렇게 하면 아이의 머리가 좋아질 뿐만 아니라 아버지 자신의 인생도 틀림없이 윤택해질 것이다.

엄마가 책을 읽어야
딸도 책을 읽는다

∨∨∨∨∨∨∨∨∨∨∨∨∨∨∨∨∨∨∨∨∨∨

좋은 책을 읽는 것보다 더 좋은 공부법은 없다. 이것은 동서고금에 전해오는 진리다. 다시 말해 지능 향상의 핵심이 바로 독서에 있다는 말이다. 흔히 아들을 둔 부모는 공부의 최종 목표를 '일류대학 합격' 아니면 '대기업 입사나 고위 공무원'에 둔다. 반면 딸을 둔 부모는 '일류대학이나 대기업, 고위 공무원'에 그다지 집착하지도 않고, '무슨 일이 있어도 일류대학에 가야 한다'고 주장하는 일도 적다. 그러나 남녀고용평등법이 시행된 이후 '딸에게도 학벌이 중요하다. 그러니까 이제부터는 좋은 대학에 가야 한다'며 아이는 물론 부모까지 가혹한 입시공부에 돌입하는 예가 많아졌다. 아니, 요즘은 여자아이가 남자아이를 앞지를 정도다.

그 때문에 어렸을 때부터 아이를 보습학원에 보내 공부시킨다. 놀지도 못하고 학원에만 다닌 아이가 어떻게 되는지 여러분은 알고 있는가? 다행히 지망하는 일류학교에는 들어갔다고 치자. 하지만 주위 사람들과 어울리지 못해 외톨이가 되어버리는 아이, '역시 나는 대단해'라는 우월감 때문에 권위주의자가 되어버리는 아이, 대학에 들어간 순간 목표가 사라져서 무기력해지는 아이, 입시공부 하느라 억압받은 감정을 폭발시켜 가정폭력으로 치닫는 아이 등 사회에 도움을 주기는커녕 해를 끼치는 인간이 되어버린 예를 수없이 많이 보았다.

그나마 원하던 학교에 들어가면 다행이다. 학창시절을 온통 공부에 투자했지만 결과는 불합격. 자신의 노력이 모두 허사가 되었다는 사실을 알았을 때, 마치 하루아침에 전 재산을 잃은 것 같은 끝없는 절망에 빠진 아이의 모습을 그려보라. 입시를 치른 부모라면 좀 더 생생하게 그릴 수 있을 것이다.

그러므로 최소한 '원하는 학교에는 들어가지 못했지만 많은 것을 배워서 교양이 생겼다'는 만족감을 얻을 수 있는 학습법을 찾아야 한다. '좀 더 많은 것을 배우고 교양을 쌓는 공부법'은 바로 양질의 책을 많이 읽는 것이다. 책도 지금 화제를 모으고 있는 베스트셀러만 읽는 것은 의미가 없다. 100년 동안 많은 사람에게 사랑을 받아온 고전이 교양을 길러준다.

자유롭게 상상의 날개를 펼쳐주는 독서

책의 매력이 무엇이냐고 물으면 '다양한 것을 알 수 있다'고 대답하는 사람이 많다. 물론 그 말도 맞다. 하지만 그 이상으로 '책은 상상력을 길러준다'는 점을 꼽고 싶다. 책과 영화를 비교해보면 이 말을 쉽게 이해할 수 있다.

지금까지 수많은 명서가 영화로 만들어졌다는 건 많은 사람이 알 것이다. 최근에는 최신 베스트셀러부터 고전으로 불리는 작품까지 많은 판타지 소설이 영화로 다시 만들어졌다. 원작이 유명할수록 감독은 원작의 분위기를 깨지 않기 위해 세심한 주의를 기울이면서 원작에 충실한 영화를 만든다. 그러나 원작을 읽고 원작을 아꼈던 사람일수록 영화로 만들어진 작품에 애착을 느끼지 못한다.

책을 읽을 때 우리는 작품에 빠져 자유롭게 상상의 날개를 펼친다. 주인공의 얼굴에서부터 거리, 풍경, 때로는 냄새와 맛까지 상상에는 한계가 없다. 그런데 책이 영화가 되면 상상할 여지는 대부분 사라지고, 단지 이야기만 쫓아가기 바빠진다(완전히 다른 작품이라고 생각하고 음미하면 문제없지만).

책을 읽는 동안 우리는 잠시 현실을 잊고 자유로운 상상의 세계로 놀러간다. 그 놀라운 경험은 책을 읽을 때만 얻을 수 있다. 또 책을 읽고 상상하는 힘은 '감수성'과 '창의력', '호기심'의 원동력이 된다.

'책을 읽는 시간이 아까우니까 대신 영화로 본다'는 사고는 고전 명작의 줄거리만 읽고 이해하겠다는 것과 같다. 스토리를 아는 것보다 작품 세계를 음미하고, 상상하고, 즐기는 기쁨은 어려서부터 책 읽는 습관이 몸에 배지 않으면 누릴 수 없다.

그리고 또 한 가지 중요한 점이 있다. 그것은 '책을 읽지 않는 부모 밑에서는 책을 좋아하는 아이가 나오기 어렵다'는 점이다. 아무리 입에서 신물이 날 정도로 '책을 많이 읽으라'고 말해도 즐겁게 책 읽는 부모를 본 적이 없는 아이에게 독서는 지루한 암기 학습일 뿐이다.

실제로 똑똑한 아이는 책을 많이 읽고, 책을 많이 읽는 아이의 부모는 아이보다 더 책을 많이 읽는다. 책꽂이에 손때 묻은 고전 명작이 쭉 꽂혀 있는 집에서 자란 아이는 대부분 똑똑하다는 사실을, 오랫동안 아이를 지도하고 많은 부모와 이야기를 나눠본 경험으로 잘 알고 있다.

자녀에게 책 읽는 습관을 들여주는 것은 여러분의 자녀 또 그 손자에게 좋은 습관을 들여주는 것과 같다. 그래서 큰 소리로 외치고 싶다. 아이에게 좋은 책을 많이 읽으라고 말하기 전에 "부모부터 좋은 책을 많이 읽으십시오"라고.

집안일을 함께하면
순발력이 생긴다

'가정적인 여자아이는 머리가 좋다'는 말을 꺼내면 '여성관이 너무 보수적'이라거나 '구태의연한 여성상을 강요하려고 한다'고 생각하는 분도 있겠다. 그러나 당치도 않은 말이다. 나는 가사 전반을 도맡아서 하는 현대 남성의 대표주자다.

'가정적인 여자아이는 머리가 좋다'는 말을 제대로 설명하기 위해서는 '큰딸은 잘산다'는 옛말의 진실부터 규명해야겠다. 형제자매가 많은 집의 큰딸은 대체로 공부를 잘한다. 첫째이기 때문에 기대가 커서 부모가 열심히 공부시켰기 때문만은 아니다.

이유는 형제자매가 많을수록 큰딸은 엄마 대신 집안의 사소한 일을 도맡아 했다는 데 있다. 큰딸은 어렸을 때부터 무조건 집안일을 돕고, 어린 동생들을 보살핀다. 이런 큰딸은 엄마가 집안일을 도맡아 하는 가정의 아이에 비해 훨씬 많은 경험을 한다.

어떻게 하면 효율적으로 빨래를 갤 수 있을까, 단시간에 음식을 준비하려면 어떻게 해야 할까, 떼쓰는 동생을 달랠 가장 효과적인 방법은 무엇일까… 늘 몇 가지 일을 동시에 해치우는 능력은 우수한 주부가 되기 위해서만 필요한 것이 아니다. 짧은 시간에 효율적으로 공부하는 방법을 찾아내기 위해서도 빼놓을 수 없는 능력이다.

앞에서도 이야기했지만 남녀를 불문하고 아이가 성장하는 데 꼭 필요한 것은 경험을 많이 쌓는 일이라고 확신한다. 사내아이라면 산으로 들로 뛰어다니면서 쌓은 경험이 나중에 학습에서 되살아난다. 이에 반해 여자아이는 집안에서 쌓은 경험이 학습능력을 높이는 데 많은 도움이 된다.

그런데 교육에 열심인 엄마일수록 거꾸로 생각한다. 다시 말해 아이의 학습능력에 필요한 것은 오로지 공부다, 놀거나 집안일을 하는 건 쓸데없는 짓이다, 그럴 시간이 있으면 영어 단어 하나라도 더 외우는 편이 낫다고 생각한다. 이것은 큰 착각이다.

그것은 '공부만이 인생의 전부가 아니다'라는 허울 좋은 이유 때문만이 아니다. 다양한 경험을 쌓은 아이는 자기의 경험에 비추어 문제를 해결하는 습관이 붙기 때문에 확실히 응용력이 있고 상상력도 풍부하며 재치도 있다. 이것은 살아가면서 겪는 예기치 못한 문제를 해결하는 힘이 될 뿐만 아니라 시험 볼 때도 도움이 많이 된다.

아이가 성장하는 데 필요한 원동력

그렇다면 이런 능력을 익히려면 어떻게 해야 할까? 답은 정말로 간단하다. 집안일을 많이 돕게 하는 것이다. 그리고 아이가 집안일을 도와줬을 때는 '도와줘서 정말 고맙다. 큰 힘이 되었다'는 마음을 전하는 것은 물론이고, 다소 마음에 들지 않더라도 결과에 만족하고, 칭찬해주는 자세가 중요하다.

"네가 만든 달걀 프라이, 정말 맛있구나", "네가 청소하니까 집이 새집이 되었다", "빨래를 참 잘 개는구나" 등 작은 일에도 칭찬을 아끼지 않는다. 물론 '이렇게 하면 좀 더 좋을 텐데'라고 덧붙이고 싶을 때도 있겠지만, 그건 나중으로 미루자. 우선 듬뿍 칭찬해준다. 칭찬받는 것을 싫어하는 아이는 없다. 특히 딸은 칭찬을 받으면 자신감이 생긴다.

하지만 지나친 칭찬은 오히려 '열심히 하지 않으면 사랑받지 못한다'는 부담을 줄 수도 있으므로 주의해야 한다. 개중에는 '너무 칭찬만 하면 실력도 없는데 자신감만 커져서 건방져지지 않을까' 하고 걱정하는 부모도 있다. 물론 이 세상에는 그런 사람이 많다.

하지만 아이가 '나는 대단해', '나는 착한 애야'라는 자신감을 갖는 것도 매우 중요하다. 자신감이 없는 아이는 새로운 일에 도전하는 적극성과 일단 시도해보려는 행동력이 떨어진다. 다시 말해 자신감은 아이가 성장하는 데 필요한 원동력이어서, 자신감 없는 아이는 자기의 능력을 펼칠 수 없다. 아이를 키우는 데 가장 중요한 것은 '너라면 할 수 있다'는 자신감을 심어주는 것이다. 그러기 위해서는 어떤 일이든 경험하게 하고, 결과를 칭찬하는 것이 제일 중요하다.

아이가 한 행동에 잔소리만 늘어놓거나 비판만 하는 부모가 있다면 잠시 생각을 바꿔서 '잘했다', '멋진데', '굉장해', '고맙다'는 말을 연발하려고 노력하라. 틀림없이 아이의 눈이 자신감으로 가득 차서 반짝이게 될 것이다.

'금전감각'을 낳는
갖고 싶을 걸 참는 습관

일본의 부모들은 특이한 경향이 있다. 아들을 둔 부모와 달리 딸을 둔 부모는 자녀의 학습능력이나 진로에 관대하다. 아들은 '좋은 대학을 나오고 좋은 회사에 들어가 인생에서 승리해야 한다'는 공식이 들어맞는다고 믿는 부모가 많은 데 반해, 딸 가진 부모는 '여자니까 학벌이 좀 달려도…'라고 생각하는 사람이 아직까지도 많은 것 같다.

사람마다 가치관이 다르기 때문에 이런 생각에 이의를 제기할 마음은 없다(물론 나는 '학벌만 좋으면 인생에서 성공할 수 있다'고는 눈곱만큼도 생각하지 않는다). 요즘 같은 시대에 딸 가진 부모의 걱정은 돈을 벌기 위해서라면 나쁜 짓도 거리낌 없이 하지 않을까 하는 것이다.

딸이 어떤 일이든 해서 돈만 벌어오면 좋겠다고 생각하는 부모는 없다. 그런데도 일본에는 부적절한 방식으로 돈을 버는 행위를 아무렇지 않게 저지르는 딸들이 상당수 있다. 이것은 결코 남의 이야기가 아니다. 요즘 여자아이를 키우는 부모라면 누구나 이 문제를 한번쯤은 생각해보았을 것이다. 그 요인으로 가정 문제, 윤리관 결여 등을 꼽지만 나는 '잘못된 금전감각'이 가장 큰 요인이라 생각한다.

여러분이 십대였을 때, 갖고 싶은 물건을 모두 다 가질 수 있는 아이는 극히 드물었다. 가난했던 시절이었기에 아이들의 용돈은 적었고(그나마 없는 아이들이 대부분이었고), 따라서 설령 갖고 싶은 물건이 있어도 '돈이 없으니까 하는 수 없다'고 깨끗하게 포기할 수 있었다.

갖고 싶은 것이 있으면 부모에게 부탁하거나 애원하는 등 열심히 애쓴 끝에 가질 수 있던 그때와 달리 지금은 '갖고 싶다'는 생각과 '가졌다'는 결과가 거의 동시에 일어난다. 갖고 싶은 게 있으면 당연히 가져야 한다고 믿기 때문에 '가질 수 없는 것도 있다'는 사실을 받아들이지 못한다. 그 때문에 갖고 싶은 걸 살 만큼 돈이 없으면 빨리, 그리고 손쉽게 돈을 구하기 위해 어떤 일이라도 저지르는 것이라고 생각한다.

딸이 이렇게 되지 않으려면 부모는 딸에게 돈이나 물건을 너무 넉넉하게 주지 말아야 한다. 자식이 많던 시절과 달리 저출산 시대인 지금은 자식을 적게 낳지만 아이들에게 돈은 더 많이 투자한다. 더구나 '아이가 기뻐하는 모습을 보고 싶다'는 단순한 이유만으로 물건을 쉽게 사주는 부모가 많아졌다.

어린 시절부터 금전 교육을 시켜라

이쯤에서 여러분의 어린 시절을 떠올려보자. 여러분의 부모님은 여러분에게 일 년에 몇 번이나 장난감을 사주셨는가? 생일날과 크리스마스, 어린이날 그리고 할머니 할아버지가 놀러 오셨을 때 정도일 것이다. 간절히 원하던 장난감을 얻었을 때의 기쁨을 여러분은 지금도 생생하게 기억할 것이다.

그런데 요즘 아이들은 어떤가? 아이가 좋아하는 새로운 캐릭터가 나오면 '재미있겠다'며 아이가 원하지도 않는데 미리 알아서 사주는 부모도 있다. 이러면 아이는 '갖고 싶은 것을 얻었다'는 기쁨이나 감동을 맛볼 수 없다. 게다가 말만 하면 부모님은 뭐든지 사준다고 믿는 아이는 버릇없는 아이로 자랄 확률이 높다.

어렸을 때부터 '갖고 싶은 건 반드시 가져야 한다', '돈은 언제든 마음대로 쓸 수 있다'고 믿으면서 자란 아이는 갖고 싶은 건 금방 손에 넣는 버릇이 몸에 밴다. 이 버릇이 몸에 배면 갖고 싶은 걸 가질 수 없을 때 이 사실을 받아들이지 못하게 된다.

소중한 딸을 어리석은 아이로 만들지 않으려면 어떻게 해야 할까? 답은 간단하다. 쉽게 물건을 사주지 말고 용돈도 너무 많이 주지 않으면 된다. 갖고 싶어 하는 물건이 있으면 생일이나 크리스마스 때 사준다. 혹시 생일이나 크리스마스까지 기다리지 못하겠다고 하면 '이번 시험에서 100점을 맞으면'이라는 조건을 다는 것도 좋고, 비싼 물건이라면 '수학경시에서 입상한다면'이라고 조금 까다로운 조건을 달아서 아이의 의욕을 끌어올리는 것도 좋다.

그리고 내 생각이지만, 중·고등학교 전까지는 용돈이 필요 없다. 아니면 용돈은 할머니, 할아버지가 주는 것이라는 '우회도로'를 만드는 것도 현명한 방법이다. 어려서부터 '돈은 함부로 쓰면 안 된다'는 금전감각을 몸에 익혀왔다면 수준에 맞지 않는 것을 사려고 쉽게 돈을 빌리거나, 의존증이라고 부를 정도로 쇼핑에 탐닉하는 어른이 되지는 않을 것이다.

성실한 딸로 키우고 싶다면 아무 생각 없이 물건이나 돈을 주지 말라. 이것은 딸의 일생을 좌우할 만큼 중요하므로 반드시 명심해야 한다.

딸 교육은
여러 우물을 파야 성공한다

'여자는 좋은 아내가 되는 게 제일이니까 공부는 좀 못해도 괜찮다'고 생각하는 부모가 아직도 있을까. 사회에서 활약하는 여성이 많아진 것도, 예전에는 뉴스거리던 여성 사장이나 여성 정치가, 여성 고위 공무원이 드물지 않은 것도 구태의연한 여성관이 사라졌다는 증거다. 이처럼 '이상적인 여성상'이 바뀜에 따라 딸도 많이 배워야 한다. 덕분에 이제는 어려서부터 공부라는 한 우물을 파는 여자아이가 많아졌다.

'한 우물을 파라', '두 마리 토끼를 쫓으면 한 마리도 얻지 못한다'는 속담처럼 이것저것 손대는 것은 좋지 않다. 옛말에도 한 가지 일에 미쳐야 경지에 이를 수 있다고 하지 않았던가?

이것을 입시에 적용해보면 '좋은 학교에 들어가고 싶으면 공부에 집중해라. 그 이외의 일은 버려라'는 말이 될까? 이렇게 말하면 '당연한 말이다. 똑똑해지려면 공부만 하면 된다'고 생각할지 모른다. 그러나 잠깐! 여러분이 어렸을 때 반에서 똑똑했던 여자 친구를 떠올려보자. 그 친구는 공부만 잘했을까?

공부뿐만 아니라 음악과 미술 성적도 좋았고, 실과 시간에는 음식 만드는 솜씨도 좋지 않았을까? "이거 어떻게 하는 거야?"라고 물으면 "아, 그건 말이지…" 하는 식으로 모르는 게 없고, 또 설명도 친절하게 했을 것이다. 물론 국어, 수학, 과학, 사회, 영어는 잘해도 그 밖의 과목은 '전혀'라고 할 만큼 공부벌레 형인 아이도 있다.

그러나 무엇이든 잘하는 팔방미인과 공부만 잘하는 공부벌레를 비교했을 때, 뭐든지 잘하는 아이의 성적이 훨씬 좋지 않았을까? 아이는 호기심이 이끄는 대로 행동하고 경험하면서 배운다. 다양한 경험을 쌓을 기회를 빼앗기고 호기심을 발휘할 기회조차 없는 상태에서 자란 아이는 주위 사람들과 어울리지 못하고 자존심만 센 권위주의자가 되거나 동급생들과 제대로 교감하지 못하는 은둔형 외톨이가 되기 쉽다.

우수한 인재의 기준이 달라지고 있다

여러분은 딸이 어떤 여성으로 자라기를 바라는가? 누구에게도 뒤지지 않는 똑똑함으로 두각을 나타내서 나라의 운명을 짊어질 정도의 엘리트 여성이 되는 것인가? 아니면 어떤 감언이설에도 속아 넘어가지 않고 누구에게나 사랑받으며 언제나 호기심으로 눈을 반짝이는 총명하고 밝은 여성이 되는 것인가?

똑똑한 여자아이는 대부분 이렇다. 다시 말해 공부뿐만 아니라 미술과 음악, 체육까지도 잘하고, 집안일도 꼼꼼하게 해낸다. 오랜 세월 동안 많은 아이들을 지도한 경험에서 말하자면 사내아이는 이것저것 시키면 오히려 죽도 밥도 안 되지만, 여자아이는 이것저것 시켜야 머리가 좋아진다.

다재다능함은 대학입시를 볼 때 진가를 발휘한다. 대학교에서 특별전형으로 학생을 뽑을 때는 대체로 재능이 많은 아이를 뽑는다. 공부만 잘하는 아이는 일반전형으로 뽑고, 특별전형으로는 체육, 컴퓨터, 봉사 등 공부 이외에 뛰어난 능력이 있는 학생을 뽑는다.

학교는 이런 학생이 들어옴으로써 다른 학생들이 자극을 받고 학교의 질이 높아지기를 기대하기 때문이다. 특별전형에서 면접을 볼 때 반드시 물어보는 것이 '당신은 공부 이외에 무엇을 잘합니까?'다.

대학입시뿐 아니라 기업 입사시험에서도 일반교양의 비중
이 높아졌다. 많은 사람이 생각하는 것과 달리 우수한 인재의
기준이 달라지고 있는 것이다.

이성을 사귈 때도 다양한 분야에 재능이 있으면 만남의 장
이 넓어진다. 어른도 마찬가지인데, 취미생활을 폭넓게 즐기는
사람일수록 많은 사람을 만나 세상을 폭넓게 경험하며 살 수
있다. 사랑과 결혼뿐만 아니라, 식견을 넓히고 인간적인 매력
을 높이기 위해서는 뭐든지 할 줄 알고, 많은 사람을 만나는 일
이 중요하지 않을까?

좌뇌와 우뇌의 균형을 맞추는 공부법

그런데 안타깝게도 초등학교 고학년이 되면 지금까지 배우던
피아노나 그림, 발레 등 예술적 활동을 그만두게 하는 부모가
참으로 많다. 또 공부나 하라며 지금까지 시키던 집안일에서
해방시키는 경우도 흔히 볼 수 있다.

정말로 입시 준비에 매진해야 할 시기라면 몰라도, 미리부
터 그렇게 하는 것은 교육상 좋지 않다. 이것은 일부러 딸의 머

리를 나쁘게 만들고, 매력을 없애버리는 일이라는 사실을 분명히 깨닫기 바란다.

잘 생각해보라. 만일 여러분의 딸이 피아노 같은 악기를 연주할 줄 알고, 그림도 잘 그리고, 요리도 잘하는 데다가 공부까지 잘한다면 얼마나 매력적이겠는가? 음악과 미술과 역사를 알며 남과 다른 유머와 위트로 다른 사람을 즐겁게 하는 세련된 매너와 태도를 지닌다면 얼마나 멋진 여성이겠는가 말이다. 그러니 부디 공부와 성적과 학력이 행복의 전부라는 생각을 버려야 한다.

매력적인 딸이 되느냐 안 되느냐는 모두 부모 손에 달렸다. '두 마리 토끼를 잡으려다 둘 다 놓친다'는 식의 앞뒤가 꽉 막힌 소리는 이제 그만하고, 부디 많은 것을 가르쳐서 딸을 매력적인 팔방미인으로 키우기를 바란다.

공부에 몰두하는 데서 오는 스트레스를 연주나 운동 같은 일로 풀어주고, 거기에서 얻은 에너지를 다시 공부에 쓴다면 학습능률은 훨씬 좋아질 것이다. 이처럼 좌뇌를 활성화시키는 공부에 집중하려면 일부러라도 우뇌를 활성화시키는 음악과 운동을 시켜야 한다. 그래야 뇌가 균형을 잡는다.

'즐겁게 공부하기 위해서 오히려 테니스나 피아노를 가르친다.' 다소 의아해하겠지만 이것은 확실히 이치에 맞는 공부법이다. 사람은 에너지를 순환할 곳이 많을수록 효율적이고 균형 잡힌 삶을 살 수 있다. 좀 더 많은 분이 이런 사실을 깨닫고 실제로 적용하면 좋겠다.

인정받으며 자란 아이는
비뚤어지지 않는다

∨∧∨∧∨∧∨∧∨∧∨∧∨∧∨∧∨∧∨∧∨∧∨∧∨∧∨∧∨∧∨∧

여러분은 딸을 낳았을 때, 아니면 딸을 임신했다는 사실을 알았을 때, 딸이 어떤 아이로 자랐으면 좋겠다고 생각했는가? 건강하게 자라면 좋겠다는 것은 모든 부모의 바람이고, 그다음은 '밝고 상냥한 아이가 되면 좋겠다', '누구에게나 사랑받는 아이가 되면 좋겠다'가 아니었을까?

딸을 키우는 부모의 바람 속에 '딸의 특성과 매력'이 모두 담겨 있다(최근 딸의 이름을 지을 때도 이것이 드러나고 있다고 생각한다). 여자아이의 특성과 매력을 한마디로 정리한다면 역시

'사랑스러움'이다. 꽃이나 동물처럼 작은 것까지 아껴주는 애정, 남의 마음까지 헤아려서 여자아이만의 섬세함으로 다정하게 대해주는 모습을 보면 누구나 '아, 이 여자아이는 정말 사랑스럽다'고 느낀다. 그런 따뜻한 감정을 불러일으키는 존재가 바로 딸이 아닐까?

그렇다고 딸은 그저 귀엽기만 하면 된다는 말은 아니다. 자신의 의견이 있어야 하고, 자기 목소리를 분명히 낼 줄 아는 강인함과 누구에게도 의존하지 않고 살아갈 수 있는 자립심이 필요하다. 더불어 경제력과 사회성도 갖춰야 한다.

남자에게는 남자만의 장점이 있듯 여자에게는 여자만의 장점이 있는데 그것을 '사랑스러움'이라는 단어로 집약할 수 있다. '사랑스러움'은 어디에서 생겨나는 것일까? 그 원천은 '감수성'이라고 생각한다. '감수성'이란 다양한 일이나 사물에 민감하게 반응하고, 참신한 표현으로 생각을 드러내는 마음의 기능이다.

꽃에게 말을 걸거나 동물을 귀여워하거나 아름다운 것을 보았을 때 느낀 감동을 표현하는 방법은 아이마다 다르다. 여기에서 중요한 것은 '감수성'은 기르려고 노력해서 길러지는 것이 아니라는 사실이다. 물론 아이가 큰 뒤에 전시회나 음악회에 데려간다든지 아름다운 풍경을 보여주는 식으로 아름다운 것을 접하게 해줌으로써 미에 대한 감성을 연마할 수는 있다. '감수성'이란 모든 사람이 가지고 태어나는 성질로, 어떤 상황에 촉발되어 길러진다. 환경과 개인에 따라 차이가 있다.

아이의 감수성을 뭉개버리는 부모의 말

감수성은 교육으로 풍부해질 수 있으므로 부모의 반응이 중요하다. 꽃한테 말을 거는 모습을 보았다면 "꽃이 뭐라고 그래?" 하고 물어보거나 죽은 벌레를 보고 울고 있다면 "가여워라. 무덤을 만들어줄까?" 하고 아이의 마음에 한걸음 다가가는 등 아이가 빠져있는 세계를 깨뜨리지 말고 더 많은 상상을 펼칠 수 있도록 자연스럽게 이끌어주는 것이 중요하다.

그렇게 함으로써 아이의 감수성은 더욱 풍부해지고 빛을 발한다. 가장 나쁜 반응은 '시시하다'든지 '지저분하다'는 등의 신경질 섞인 말로 아이의 감수성을 뭉개버리는 것이다.

약한 것을 동정하고 다른 사람의 처지를 이해하며 진심으로 마음 아파하고 슬퍼할 수 있는 따뜻한 마음은 감수성 없이는 생기지 않는다. 어떤 상황에서나 아름다움과 사랑스러움을 느끼는 아기자기한 감성도 마찬가지다.

거칠고 무신경한 사람을 보면 설령 그 사람이 아무리 똑똑해도, 아무리 일을 잘하고 능력이 뛰어나도 나도 모르게 미간을 찌푸리게 된다. 주위를 어지럽히고도 아무렇지 않게 생각하는 사람을 봐도 마찬가지다. 우리 딸이 다른 사람에게 이런 대접을 받지 않도록 감수성이 반짝반짝 빛나고 있을 때를 놓치지 말고 찾아내 소중하게 길러주자.

자신을 알아주는 사람이 있으면
아이는 비뚤어지지 않는다

∨∨∨∨∨∨∨∨∨∨∨∨∨∨∨∨∨∨∨∨∨∨∨∨∨

이 제목을 본 사람은 누구나 '당연한 소리! 부모보다 자식을 잘 이해하는 사람이 있을까? 그러니까 우리 애는 비뚤어질 리 없다!'고 생각할 것이다. 확실히 부모는 아이의 첫 번째 이해자이고 마땅히 그래야 한다. 그러나 내가 여기에서 말하는 '알아주는 사람'이란 부모도 형제자매도 아니다. 가족 이외의 다른 사람을 뜻한다.

　이것은 어른한테도 해당하는 이야기인데, 인간은 누구나 나이와 상관없이 '자신을 이해해주는 존재'를 원한다. 그러나 그 대상이 부모나 형제자매, 배우자뿐이라면 어쩐지 허전하다. 가족 이외의 다른 누군가가 자신을 이해하고, 인정하고, 받아준다는 사실만으로도 혼자라는 생각이 들지 않기 때문에 어떤 일이 일어나도 버텨낼 힘이 솟아난다.

그 대상이 친구나 회사동료처럼 가까운 사람이어도 좋지만 조금 더 거리가 있는 사람이라면 힘은 배가된다. 예를 들면 동료뿐만 아니라 선배나 상사, 학창시절의 친구뿐만 아니라 은사, 또래 엄마들뿐만 아니라 나이가 많은 엄마들처럼 '연상의 이해자'라는 존재는 마음이 든든해질 뿐 아니라 자신감도 갖게 한다.

아이도 그렇다. 아이는 늘 자신을 지켜보는 부모 이외에 자신을 이해해줄 사람을 필요로 한다. 학교 교사가 이 일을 맡아주는 것이 가장 이상적이지만 현실에서는 그렇게 하기가 좀처럼 쉽지 않다. 매우 안타까운 일이다.

그러면 어떤 사람이 '가족 이외에 아이를 이해해줄 사람'이 되어주면 좋을까? 가끔 집에 놀러오는 부모님의 친구나 옆집 아저씨, 아줌마도 상관없다. 아이를 만났을 때 "잘 지내지? 많이 컸구나. 요즘 어떻게 지내니?"라고 편안하게 말을 걸어주는 정도면 된다. 그러면 아이는 '이 사람은 나를 이해해주는구나'라고 생각할 정도는 아니더라도 이 사람은 '내 존재를 인정해준다. 나를 지켜보는구나'라고 생각하게 된다.

개중에는 아이 얼굴을 볼 때마다 "공부 잘하지?", "책은 많이 읽니?", "엄마 말 잘 들어라"라고 잔소리만 늘어놓는 사람도 있다. 말은 그렇게 해도 호의를 가지고 아이를 대하면 아이는 그 마음을 느낄 수 있다.

반대로 "언니다워졌네"라고 관심 있는 듯 한마디 던지고는 금방 "이제 애들은 밖에 나가서 놀아라" 하고 매정하게 쫓아내는 사람에게는 호의를 느낄 수 없기 때문에 그 사람은 '아이를 인정해주는 사람'이 될 수 없다.

이웃을 잘 활용하라

아이에게 친근하게 말을 걸어주고 호의를 보여주는 사람은 누구든 상관없지만, 우선 가까이 사는 사람이 좋다. 아침마다 학교 가는 길에 만나서 인사를 나누는 동네 아저씨라든지 집에 오는 길에 만나서 "집에 가는구나. 오늘은 일찍 끝났네"라고 말을 걸어주는 아줌마가 바람직한 대상이다. 물론 그 사람과 부모가 어느 정도 친해야 한다는 것은 말할 것도 없다. 최근에는 동네 사람들과 인사도 하지 않고 지내는 사람이 늘고 있는데,

이웃과 원활한 인간관계를 맺는 것은 아이를 위해서도 중요한 일이라는 사실을 다시 한 번 인식하기 바란다.

한걸음 더 나아가 아이를 이해해주는 사람으로, 피아노 학원 같은 사설 학원의 선생님은 어떨까? 일주일에 한 번 이상 반드시 만나는 학원 선생님은 가족 이외에 아이를 이해해줄 적임자다. 특히 피아노나 그림을 가르치는 선생님은 소문을 듣고 선택하는데, 그때 '저 선생님은 테크닉이 있다'든지 '호되게 가르친다'는 말에만 신경 쓰지 말고 '아이를 좋아한다'든지 '아이들의 개성을 잘 파악한다'는 식의 평판에도 귀를 기울여보라.

자신을 알아주고, 알려고 애쓰는 선생님을 일주일에 한 번씩이라도 만날 수 있다면 아이는 얼마나 큰 힘을 얻을까? 주변에 자신을 이해해주는 사람이 있는 아이는 비행으로 치닫거나 정신적으로 비뚤어질 확률이 눈에 띄게 낮아진다. '한 아이를 키우는데 온 마을이 필요하다'라는 말이 괜히 있는 게 아니다. 많은 사람의 관심과 사랑을 받은 자녀일수록 밝고, 올바르게 성장할 수 있다. 하물며 집에서 기르는 화분도 이를 돌보는 사람의 관심이 없으면 시드는데 아이는 오죽하겠는가.

자신에게 무슨 일이 있을 때 걱정해주고 슬퍼해주며, 때로는 화를 내줄 사람이 많을수록 아이는 똑바로 자란다. 그렇게 되려면 기본적으로 부모 스스로 사교성을 길러 아이에게 많은 사람을 만날 기회를 만들어주는 것이 중요하다.

"사람을 사귀는 데 서툴러서…." 이렇게 말하는 사람도 있 겠지만, 자식을 기르다 보면 부모 혼자 감당하기에는 벅찰 때 가 많다. 남의 도움을 빌린다고 하면 너무 과장된 표현이고, 우 선은 이웃들과 친하게 지내는 일부터 시작해보면 좋겠다.

사랑받고 있다고
확신하게 하라

∨∧∨∧∨∧∨∧∨∧∨∧∨∧∨∧∨∧∨∧∨∧∨∧∨∧∨∧

"여러분은 아이를 사랑하십니까?" 이런 질문을 하면 몇몇 부모는 "당연한 소리! 무엇 때문에 이 책을 읽는데!"라고 화를 낼지 모른다. 극히 일부, 인간쓰레기라고 불러야 마땅한 사람들을 제외하면 부모가 자식을 사랑하는 건 당연한 일이다.

그러면 질문을 바꿔보자. "아이는 여러분의 애정을 느낄까요?" 자, 어떤가? 아이가 여러분이 보내는 사랑을 느끼고, 그 사랑을 의심 없이 믿는가? '그런 건 말로 하지 않아도 마음으로 느끼는 것'이라고 말하는 사람도 있는데, 정말로 그럴까? 오히려 '말하지 않으면 알 수 없다'는 말이 옳지 않을까? 여러분도 사회생활에서나 부부사이에서 그렇게 느끼지 않았는가? '그런 이야기는 말로 해야 확실히 알 수 있다'고 생각한 적이 많지 않았는가?

아이도 마찬가지다. '부모가 아이를 사랑하는 것은 당연하다. 그러니 말로 하지 않아도 이해할 것이다'라는 말은 부모로서 너무나도 성의 없는 대답을 하는 것이다. 그렇다고 무조건 날마다 사랑한다고 말하라는 얘기는 아니다. 그렇게 하면 너무 속이 들여다보이기 때문이다. 그런 형식적인 말이 아니라 '애정을 전하는 말'을 해야 한다.

딸에게 통하는 애정 표현은 따로 있다

사내아이의 경우, "잘했다", "열심히 했구나", "잘했는걸?" 같이 아이가 한 일을 인정해주는 말을 꼭 해야 한다. 가령 결과가 참담해도 열심히 한 것 자체를 칭찬해주면 사내아이는 자신이 인정받았다는 만족감과 부모는 늘 자신을 지켜봐준다는 신뢰감, 나아가 깊은 애정을 느낀다.

그렇다면 여자아이는 어떨까? 물론 여자아이에게도 "열심히 했구나"처럼 아이가 '한 일을 인정해주는 말'은 효과가 있다. 그러나 여자아이는 사내아이에 비해 근본적으로 성실하다. "열심히 했구나", "잘했구나"같은 말을 들으면 기뻐하는 한편으로 '열심히 하지 않으면 인정받지 못한다', '열심히 하지 않으면 사랑받지 못한다'는 부담을 느낀다.

그 결과, 여자아이는 부모의 기대에 부응하려고 무리한 나머지 자기 자신을 힘들게 만드는 경우가 사내아이에 비해 많다. 그렇다면 딸에게는 어떤 말로 애정을 전해야 좋을까?

'네가 있어서 정말로 기쁘다'는 말이 제일 좋다. '결과'나 '열심히 한 일' 이전에 '존재 자체'를 인정하는 것이다. 사실이 그렇지 않은가? 부모라면 아이가 있는 것만으로도 행복하지 않을까? 그런 부모의 마음을 다양한 말로 전하는 것이다. 그중에서 아이가 들었을 때 제일 기분 좋은 말이 '사랑스럽다'가 아닐까 생각한다.

이것은 겉모습만을 두고 하는 말이 아니다. 배려 깊은 말을 하거나 싹싹하게 행동할 때, 나도 모르게 웃음 짓게 만드는 행동을 하거나, 해맑은 표정 등을 지었을 때 마음에서 우러나는 목소리로 '사랑스럽다'고 말해주자. 이것은 아이를 관심을 갖고 지켜보지 않으면 결코 할 수 없는 말이다.

걱정스러운 마음이 들어 하는 말이지만, 제멋대로 굴거나 유치하게 굴 때 "정말 밉다"라고 말하는 것은 아이를 바보 취급하는 것과 같다. 아이에게 상처만 주는 말이므로 이것은 논할 가치도 없다.

적절한 때에 아이에게 건넨 '사랑스럽다'는 말은 아이에게 '나는 사랑받고 있다, 나를 지켜보고 있다'는 만족감을 주고, 나아가 '나는 지금 이대로의 내가 좋다'는 자신을 긍정하는 마음을 갖게 한다. 아이에게는 '자신을 긍정하는 마음'이 무엇보다 중요하다. '나는 지금 이대로 좋다, 있는 그대로의 내가 좋다'고 자신을 긍정할 줄 아는 아이는 '나라면 틀림없이 할 수 있어. 그러니까 한번 해보는 거야' 하고 어떤 일이든 용기를 내서 도전할 수 있기 때문이다.

긍정적인 아이로 기우는 대화법

여러분의 아이는 새로운 일을 시작해야 할 때, 선뜻 나서지 못하고 꽁무니를 빼는 타입인가? 또 사소한 일로 풀이 죽으면 좀처럼 다시 일어서지 못하는 타입인가? 일률적으로 단정해버리는 건 위험하지만, 이런 아이는 대체로 자신을 긍정하는 방법을 모른다.

'나라면 반드시 할 수 있다', '나는 괜찮다'라는 근거 없는 자신감은 가지라고 해서 가질 수 있는 것이 아니다. 하지만 이 근거 없는 자신감이야말로 자기 긍정이고, 무슨 일이 있을 때 자기 자신을 지탱해주는 버팀목이 된다.

아이라면 누구나 결점이 있고, 극복해야 할 약점이 있다. 이것을 이겨내는 가장 좋은 방법은 '나라면 할 수 있다', '나는 괜찮다'는 자신감과, '나는 이대로가 좋다'고 하는 자신을 긍정하는 마음이다.

그리고 아이가 '자신을 긍정하는 마음'을 키우는 데 빼놓을 수 없는 것이 바로 "네가 있어서 정말로 좋다", "너는 정말 귀엽다" 같은 아이의 존재를 존재 자체로 받아주는 말이다. 생각해보면 매우 간단하고 쉬운 말이다. 이런 말을 자주 듣고 자란 아이는 틀림없이 강해진다. '강해져!'라고 백만 번 말하는 것보다 귀엽다는 한마디가 더 큰 힘을 발휘한다. 반드시 실행해보기 바란다.

마지막에는
특기 있는 아이가 승리한다

∨∨∨∨∨∨∨∨∨∨∨∨∨∨∨∨∨∨∨∨∨∨∨∨∨∨∨∨∨∨

'아무것도 잘하는 게 없던 평범한 아이가 엉뚱한 일에 빠져서 열심히 매달린 끝에 멋진 결과를 이뤄냈다'는 주제의 영화와 드라마는 늘 인기가 있다. 운동이든 음악이든 아이가 몰두하는 대상은 다양한데, 이런 주제가 가슴을 울리는 것은 잠도 안 자고 먹지도 않고 파고들어서 '멋진 결과'를 이뤄낸다는 것에 대한 동경과, 목표를 이뤘다는 대리만족 때문이 아닐까?

더 나은 인생을 보내기 위해서는 반드시 취미가 있어야 하고, 또 취미가 많을수록 행복하게 살 수 있다고 앞에서 여러 번

이야기했다. 취미를 특기로 바꿔 써도 좋겠다. 내세울 만한 특기가 많으면 자신을 드러낼 수 있는 무대도 그만큼 넓어진다. 자신을 드러낼 수 있고 또 그 특기로 칭찬까지 받을 수 있다면 그것은 상당한 자신감으로 이어진다. 여러분 자신을 돌아보자.

만일 여러분이 과자를 잘 굽는다고 하자. 어느 날 친구에게 "이번에 우리 애 생일 케이크를 만들어주고 싶은데, 케이크 만드는 법 좀 가르쳐줄래?"라는 부탁을 받았다면 기쁘지 않을까? "어머님은 그림을 잘 그리니까 이번 학부모 모임 안내장에 그림을 그려주세요"라는 부탁을 받았다면 '귀찮은 일을 부탁받았다'고 생각할 수도 있지만, 그래도 그림을 잘 그린다고 인정받은 점은 기쁘지 않을까? 일을 할 때도 "이 분야라면 당신이 전문이니까 당신한테 맡기고 싶다"라는 말을 들으면 기뻐서 더욱 열심히 하려는 의욕이 솟아나지 않을까?

사람은 누구나 나이와 상관없이 남에게 자신의 능력을 인정받으면 기쁘다. 그런 일이 많을수록 기쁨도 더 커진다. 어른도 그런데 아이는 오죽할까? 가령 이어달리기 선수를 정할 때 "우리 반 대표는 너밖에 없다"라며 반 아이들이 만장일치로 뽑아주고, 합창대회를 할 때 "반주는 피아노를 제일 잘 치는 네가 맡아줘"라는 부탁을 받는다면 아이는 자신감을 갖게 되고 자존심도 눈에 띄게 높아진다.

아무리 사소한 일이라도 상관없다. 가령 십자수를 잘 놓아서 세상에서 단 하나뿐인 쿠션을 만든다든지, 쉬는 날에 친구들과 함께 외출할 때 평소와 다른 머리 모양을 스스로 연출할 수 있다든지, 어떤 일이든 남이 알았을 때 '어머, 멋지다!' 하고 눈이 휘둥그레질 특기가 몇 가지 있으면 아이는 자신을 자랑스럽게 여긴다. 아무리 사소한 일이라도 '자신 있다'고 긍지를 느낄 만한 특기는 아이의 인생을 빛나게 만든다.

아이가 성장하는 데 매우 중요한 재산

잘하는 것이 있다, 집중할 일이 있다, 그리고 그 일로 남에게 칭찬을 받는다. 이것이 곧 자기표현이다. 아이에게 무엇보다 필요한 것은 '나는 이것을 잘한다'는 자신감과 '이 일을 하면 나는 다른 사람보다 눈에 띈다', '이 일을 하면 칭찬받는다'는 확신이다. 이 모든 것을 가능하게 하는 것이 바로 특기가 아닐까?

아이들 세계에서는 "쟤는 시험만 보면 늘 100점을 받는다", "언제나 전국 모의고사에서 상위권에 든다" 같은 성적과 관련된 칭찬도 중요하다. 그러나 그것은 '그 아이이기 때문에 가능한 일'이라는 평가를 받기 어렵다. 자칫 "쟤는 멋 부릴 줄도 모르고 그저 공부만 한다"는 소리도 들을 수도 있다. 게다가 100점만 맞는 것을 '자기표현'이라고 말할 수는 없다.

어떤 일이 생겼을 때 '그런 일이라면 내게 맡겨'라며 일어설 수 있는 것, 아니면 '이런 일을 할 수 있다니, 너는 정말 대단해'라고 다른 사람을 감탄하게 만들 수 있는 일, 그리고 그렇게 될 수 있는 특기를 만드는 일은 아이가 성장하는 데 매우 중요한 재산이다.

학교나 보습학원에서는 아이에게 절대로 특기를 갖게 할 수 없다. 이 일은 오로지 부모만이 할 수 있다. 그렇게 생각하면 일주일에 네 번 보습학원에 보내는 것과, 일주일에 서너 가지 예체능 교실에 보내고 그중에서 한 가지(아니면 전부) 특기를 갖게 하는 것, 어느 쪽이 궁극적으로 효과적일까? 일주일에 네 번 보습학원에 다니면서 공부 이외에는 아무것도 할 줄 모르는 여자아이와 피아노, 그림, 무용, 수영 같은 특기가 있는 여자아이가 있다면 어느 쪽이 더 매력적인 어른이 되어 인생을 알차게 보낼 수 있을까?

실제로 상당수의 부모가 '내게는 특별한 취미나 특기가 없다'라는 고민을 토로한다. 식지 않은 호기심으로 늘 새로운 것을 탐구하는 사람, 손재주나 잔재주가 많아서 끊임없이 무언가를 만들어내는 사람을 부러워하는 사람도 적지 않다. 일과 직장이 전부인 삶이 그리 만족스럽거나 재미있지 않다는 이야기다. 고기도 먹어본 사람이 먹을 줄 안다. 어린 시절부터 다양한 취미와 경험을 해보아야 풍요로운 삶을 영위할 수 있는 것이다. 진정한 부모라면 딸의 인생에 대해 다시 한 번 생각해봐야 한다.

어린아이와 놀게 하면
사교성이 싹튼다

초등학생쯤 되는 여자아이가 자기보다 어린아이들을 보살피고 잘 데리고 놀면 "너는 나중에 커서 좋은 엄마가 되겠구나"라는 칭찬을 하게 된다. 이는 옛날부터 흔히 보아온 광경이다. 요즘은 어린 동생을 잘 돌보는 것의 가치를 그다지 높이 평가하지 않지만, 이것은 아이에게 매우 큰 장점이 된다.

'좋은 엄마가 되는 것이 딸의 최종 목표는 아니다'라는 주장도 있다. 분명히 그렇다. 여자아이의 인생의 최종 목표가 현모양처가 될 수는 없다. 일을 통해서 사회에 공헌하거나, 자기만의 방법으로 자신을 표현하면서 행복한 인생을 보내는 것도 중요하다.

그래도 나는 꼬마들이 싫어하는 아이보다는 꼬마들이 따르는 여자아이가 좋다. 여러분도 알고 있듯이 어린아이는 제멋대로 굴고 논리가 통하지 않기 때문에 뜻대로 다루기 어려운 존재다. 그렇다고 처음부터 야단치거나 억지로 시키면 위축되어 아이의 장점을 살리지 못하고 자주성이 자라지 못한다. 또 어린아이가 하자는 대로 다 해주면 더욱더 제멋대로 구는 고집불통이 되어버린다.

어린아이를 상대할 때는 이야기에 귀 기울여주고, 마음을 받아준 다음에 스스로 하고 싶게 말을 잘 골라서 제안하고, 일단 시작하면 조용히 지켜본다. 바로 여기에 인간관계에서 필요한 모든 것이 들어 있다는 사실을 눈치챘는가?

즉, 불합리한 이야기라도 끝까지 듣는 '인내력'과 마음을 이해해주는 '포용력', 강요하지 않고 제안할 수 있는 '조정능력', 조용히 지켜보는 '관용', 그리고 이 모든 것을 재빨리 생각해서 실행으로 옮길 수 있는 '결단력'이 그것이다. 이런 능력을 겸비한 여성은 확실히 좋은 엄마가 될 수 있다. 그러나 이것은 엄마에게만 필요한 능력이 아니다. '인내력, 포용력, 관용, 결단력'은 사회생활을 하는 데 꼭 갖추어야 할 능력이다.

'자신의 의견을 고집한다', '남의 의견에 귀를 기울이지 않는다', '남의 실수를 인정하지 않는다.' 최근 사회에서 이런 골치 아픈 사람들이 늘고 있다는 것을 통감하는 분이 많을 것이다. 특히 싸움으로 발전하기 쉬운 문제가 이른바 '했다, 안 했다 문제'다. 상대에게 "나는 분명히 이렇게 말했다", "아니다, 나는 그런 식으로 말하지 않았다"라며 이야기가 조금도 진전되지 못하는 사태를 여러분도 많이 경험했을 것이다.

여자아이의 놀이는 작은 사회생활이다

'분명히 이렇게 말했으니까 내가 옳다'고 주장하는 사람 중에는 일류대학 출신에다 고학력을 자랑스러워하는 사람이나 '나는 일에 살고 일에 죽는다. 결혼 같은 건 안중에도 없다'고 말하는 커리어우먼이 많은 것 같다. 이것이야말로 사회에 남아 있는 여성차별의 일례일지 모르지만, 똑같은 상황에서 남자보다는 여성을 보는 눈이 비판적인 것이 현실이다.

일상적으로 일어나는 '했다, 안 했다 문제'를 해소하기 위해서는 '분명히 나는 이렇게 말했지만, 제대로 표현하지 못해서 오해를 산 것 같다'며 참고 양보하는 '인내력'과 상대방의 말을 받아주는 '포용력', 그리고 어떻게 하면 서로 타협할 수 있을지 방법을 찾는 '조정력'이 필요하다. 이 능력은 실제 사회에서 부대끼면서 수없이 많이 좌절하는 동안에 생기는데, 물론 나이를 먹어도 '내가 옳다'며 물러서지 않는 사람도 많이 있다.

다시 '꼬마들이 따르는 여자아이' 이야기를 하자. 어린아이를 상대하는 것은 날마다 '했다, 안 했다'의 연속이다. '오늘은 밖에서 놀 수 없다'고 말하면 이 말을 이해하는 아이가 몇이나 될까? "오늘은 밖에서 놀지 말라고 했지? 안 되는 건 안 돼!"라고 단호하게 말해봤자 아이는 고집을 꺾지 않는다.

이럴 때는 밖에서 놀지 말라고 분명히 말했지만, 아이는 이미 그 말을 잊어버렸다고 생각하고, "자, 집에서 숨바꼭질 놀이 하자"라며 아이의 흥미를 끌 만한 다른 제안을 할 수 있는 재치와 유연성을 발휘해야 한다.

이것은 바로 일을 하면서 벌어질 문제를 해결하는 기술로 연결된다. 어린아이와 함께 놀거나 아이를 돌봐주는 일은 어려서부터 사회생활 훈련을 쌓는 것과 같다고 할 수 있다. '딸이라면 어린아이를 잘 데리고 놀 줄 알아야 하고, 아이들이 많이 따르는 게 좋다.' 이것은 좋은 엄마가 되기 위해서만 필요한 일은 아니다.

'꼬마들이 따르는 여자아이'는 요즘 시대에 좋은 엄마와 유능한 사회인이 될 가능성을 갖춘 '사회의 보물'이다. 만일 아이에게 그런 싹이 보인다면 인정해주고 소중히 키워주자. 장래에 어떤 일을 하든 틀림없이 멋지게 살 것이다.

유년기의 즐거운 경험은
평생의 자산이 된다

∨∨∨∨∨∨∨∨∨∨∨∨∨∨∨∨∨∨∨∨∨∨∨∨∨∨

인생의 궁극적인 목적에는 두 가지가 있다. 하나는 올바르게 성장하는 것이고 또 하나는 '세대교체'다. '올바르게'를 '아름답게'라고 바꿔도 좋겠다. 무슨 일을 해도 좋다. 뭔가 조금씩이라도 진보하고 향상되었다고 느낄 수 있다면 결코 불행한 인생이 아니다. 행복한 생활이란 곧 즐거움이 넘치는 생활이다. 재산이 많고 사회적 지위가 높아야만 행복한 생활을 하는 것은 아니다.

현재 여성의 평균수명이 80세를 넘었는데 이것은 앞으로도 더욱 높아질 것이다. 건강이라는 축복을 받은 사람은 100세까지도 활동적으로 살 수 있다. 어쨌든 앞으로는 은퇴한 뒤부터 계산해도 20년 가까이 '활동할 기간'이 있다.

20년이라는 시간은 한 가지 일을 이루는 데 충분한 시간이다. 만약 이 시간에 노동을 한다면 적지 않은 돈을 모을 수 있을 것이다. 노동은 다른 사람에게 도움을 주는 멋진 인간 활동 가운데 하나다. 노동은 사회에서 그 사람이 존재해야 하는 이유가 되기도 한다. 반대로 말하면 은퇴한 이후에도 사회활동을 하려면 그때까지 쌓아온 다양한 지혜와 기술이 매우 중요하다는 말이 된다.

가장 이상적인 노후생활은 나이를 먹은 뒤에도 계속 사회와 관계를 맺으며 집 안팎으로 사람들에게 도움을 주어 누구에게나 존경받으면서 사는 것이라고 생각한다. 나이를 먹은 뒤에도 사회에 공헌하는 분을 보면 대체로 인간적인 지혜의 수준이 매우 높다. '올바르게 성장한' 사람은 대부분 나이를 먹을수록 오히려 더 똑똑해지고 지혜로워진다. 그리고 예술적 조예도 오래 살수록 더 깊어지는 것 같다.

노인은 좋은 것을 '좋다'고 말한다. 이해하기 힘든 괴짜가 아닌 한 꽃을 아름답다고 생각한다. 사랑스럽다고 생각한다. 그래서 나이가 든 사람들은 꽃을 키운다. 꽃을 사랑하는 것이다. 이렇게 보면 역시 제일 중요한 건 다양한 체험으로 얻은 지혜와 느끼는 마음, 그리고 육체적 건강이다.

장수의 비결은 호기심과 감수성과 건강이다. 이는 우연하게도 자녀 교육에서 이야기한 것과 같은 내용이다. 결국 내가 말하고 싶은 요점은 이처럼 기나긴 인생을 행복하게 살기 위한 기초는 20세 이전에 쌓아야 한다는 것이다. '감수성'이나 건강은 모두 어린 시절의 경험이 기초가 된다.

'나만 아는 아이'로 만들지 마라

최근 여성이 사회에 많이 진출하면서 다양한 분야에서 여성들이 실력을 발휘하고 있다. 아니, 오히려 여성이 두각을 나타내는 분야가 늘고 있다. 학교에서도 상위권은 거의 여학생들이 장악하고 있다.

이런 시대의 흐름을 타고 딸을 둔 엄마들은 자신이 이루지 못한 꿈을 딸에게 걸고, '공부해라, 좋은 성적을 받아라'라고 요구한다. 딸이 '좀 더 높은 학력', '남성에게 뒤지지 않는 사회적 지위'를 얻어서 자신의 한을 풀어주기 바라는 마음이 간절해서 그럴 것이다. 물론 '도전하면 할 수 있다'는 건 이미 사회에 진출한 많은 여성들이 증명했으므로 허황된 꿈같은 이야기는 아니다.

그러나 '할 수 있다'는 생각을 공부와 시험으로 너무 특화시키면 여자아이에게 더욱 중요한 감수성이 제대로 발달하지 못한다. 이런 여성들은 주위와 잘 어울리지 못하고, 올바른 사람으로 성장하지 못하는 경향이 있다. 또 능력을 발휘해서 일에 매진해도 한길만 파고들기 때문에 교류범위가 좁아져 재미있는 남자를 만날 기회도 적어지고, 때로는 혼기를 놓치기도 한다.

설령 독신이라고 해도 '감수성'이 풍부하고 예술 활동 등 취미가 많으면 여유 있게 즐기면서 일할 수 있다. 그러면 결혼해서 자식을 낳지 않더라도 인생을 알차게 보낼 수 있다. 그러나 그 일의 기초가 되는 것도 모두 20세까지 익혀야 한다는 사실을 잊어서는 안 된다.

앞에서 '감수성이나 건강은 모두 어린 시절의 경험이 기초가 된다'고 말했다. 또 '감수성이 제대로 발달하지 못한 아이는 성장한 뒤에도 혼기를 놓칠 수 있다'는 이야기도 했다. 다시 말해 이런 여자아이들은 엄마가 되기 어렵고, 게다가 인생을 알차게 보내기도 어렵다. 이것은 '상상력'이 없는 고학력 남성이 아버지가 되기 어렵고, 일에서도 보람을 느끼기 어려운 것과 같은 '증상'이다.

어린 시절 자신의 꿈을 핑계 삼아 자식에게 '앞으로는 여자도 많이 배워야 한다. 그러니까 공부해'라고 요구한 엄마는 사회적으로 성공한 딸을 얻을 수 있을 것이다. 하지만 그 딸이 '세대교체'에 실패한다면 부모는 과연 그 딸의 인생에 만족감을 느낄까?

아니, 만족감은커녕 이번에는 '결혼해라', '아이를 낳아라'라고 끝도 없이 자신의 생각에 맞추어 강요할 것이다. 그리고 영원히 딸의 인생을 받아들이지 못하는 엄청난 비극을 초래할 것이다.

상대를 인정하는 법을
가르쳐라

여성들은 예전의 불합리한 남존여비의 가치관에서 해방되어 이제 스스로 하고 싶은 일을 찾아서 하는 쪽으로 변하고 있다. 그러나 예전의 남자들이 그랬듯이 일을 너무 많이 하면 다른 일을 할 시간이 줄어든다. 너무 많이 노는 것도 마찬가지다. '세대교체'는 현실적이면서도 어려운 일이다. 아무리 자립했어도 주위의 도움 없이는 불가능한 일이다. '세대교체'를 제대로 하려면 다른 사람의 마음을 받아들이는 지혜가 있어야 한다.

넉넉한 마음과 문학적 감수성도 없으면서 엄마가 되기를

거부하는 여성은 내가 생각하기에 '성인 여성'으로 성장하기 어렵다. 엄마가 되어보지 못한 여성에게서는 '포용력'을 느끼기 어렵다. 남자에게 없는 여성만의 특징, 그것은 바로 '감수성'의 깊이다. '감수성'이라는 말이 이해하기 어렵다면 근처의 모든 것을 '예쁘다'고 생각하는 힘이라고 말해도 되겠다. 감수성만큼은 어떤 남성도 여성을 따라갈 수 없다.

남자는 '재미'라는 부분에서 여성보다 한 수 위다. 그러나 남성의 재미는 여성이 보여주는 '반응'이 없으면 빛을 잃는다. 남자는 동성 친구들 이상으로 자신이 얼마나 재미있는 남자인지 여성에게 드러내려고 애쓰는 존재다. 그렇다면 그것을 알아주는 여성은 엄마 이상으로 고마운 존재라는 말이 된다.

상대를 '느끼고 받아들이기' 위해서는 먼저 자기 자신을 확실히 이해해서 자신이 하나밖에 없는 소중한 존재라는 점을 인식해야 한다. 그리고 자신의 소중함뿐만 아니라 상대의 존재도 받아들일 줄 알아야 한다. 이것이야말로 자신과 어울리는 이상적인 파트너를 찾아내고, 서로 깊이 사랑해서 '세대교체'라는 결실을 맺는 초석이 된다. 그 결과, 자신이 인생을 얼마나 알차게 살았는지 진심으로 느낄 수 있다.

나는 느낀다, 고로 존재한다

'나는 생각한다, 고로 존재한다'는 말은 남성의 발상이다. 여성의 발상은 '나는 느낀다, 고로 존재한다'가 아닐까? 이처럼 여자와 '감수성'은 떼려야 뗄 수 없는 관계다. 이제 여성이 인생을 행복하게 보내기 위해서는 감수성이 필수라고 한 이야기를 이해했을 것이다. 그리고 딸의 감수성을 길러주기 위해서는 당연히 엄마도 감수성이 풍부해야 한다. 아빠보다 감수성이 뛰어난 엄마야말로 딸의 감수성 교육을 담당할 적임자다. 그런 엄마에게 감수성이 없다면 어떻게 될까?

상대방과 상황까지 포함해서 고려하고 느끼는 힘. 그리고 이것을 돌보고 키워주는 일은 엄마만이 할 수 있다. '세대교체'는 이미 개인의 문제가 아니다. 이제는 사회 전체가 요구하는, 이른바 '종족'의 문제다. 앞으로 저출산 사회가 지속되는 한 더욱 강하게 '세대교체'를 요구할 것이다. 부부 수가 줄어드는 만큼 다음 세대를 이어갈 아이들이 줄어들 것이기 때문이다.

그러므로 여자아이의 감수성을 지키고 길러주는 일이 더욱 중요해지고, 부모들도 그 중요성을 깨닫기 시작했다고 생각한다. 그것은 사회가 '세대교체'를 원하는 데서 나오는 자연스러운 징후가 아닐까?

감수성을 중시하는 시대와 저출산 사회를 맞이해서 변화하는 세상에 대비하기 위한 교육이 시작되었다. 사회학적으로도, 생물학적으로도, 교육환경이라는 면으로도 이는 실로 흥미롭고 자연스러운 움직임이다.

　　오늘날 많은 부모가 딸의 '감수성'을 길러줘야 한다는 중요성을 깨닫고 있다. 이것이야말로 다음 세대를 이어가기 위해 꼭 필요한 요건이라고 생각한다.

먼저 부족한 이 책을 끝까지 읽어주신 여러분께 진심으로 감사
드립니다.

제게도 어머니와 여동생, 아내와 딸이 있어 여자와 생활하
는 시간이 많지만, 솔직히 말하면 남자인 저로서는 여자들의
생각과 행동을 정확히 이해하기 어렵습니다. 그래서 이 책을
쓰는 동안 여장을 하고 다니면 쓰기가 좀 수월하지 않을까 하
는 생각까지 했습니다.

전작인 『작은 소리로 아들을 위대하게 키우는 법』을 읽으
신 많은 분들이 짖궂은 표정으로 말하셨습니다.

"고추의 힘 다음은 어떤 힘입니까?"

저는 그 힘을 찾아내기가 어려웠습니다. 하지만 "선생님, 독자들이 기대하고 있습니다!"라는 편집자의 간절한 독촉에 어려운 상황이지만 이 글을 쓰려고 애를 썼습니다.

저는 날마다 남녀의 차이는 무엇일까 골똘히 생각했습니다. 그 생각을 하면 할수록 '감수성'이라는 단어가 떠올랐습니다. 사실 이번 원고는 병원에 입원하신 아버지를 밤새 간호하면서 썼습니다. 저는 인생의 황혼기에 접어든 노인과 이야기를 나누면서 감수성은 나이를 먹어도 줄어드는 것이 아니라 오히려 더 깊어진다는 사실을 깨달았지요.

그리고 그 무렵 예전에는 느끼지 못했던 현상이 나타났습니다. 제 앞에 예쁜 여자들이 많이 나타나게 된 것입니다. 아니, 여자들이 모두 예뻐 보였습니다. 사실 젊었을 때는 건방지게도 '내가 좋아하는 여성상'이 어떻고 하며 떠들고 다녔습니다. 하지만 지금은 여성들의 사소한 행동이나 표정, 몸짓에서 그들의 아름다움을 금방 찾아냅니다. 게다가 그 여성이 재치 있게 행동하고 지금까지 내가 상상도 하지 못한 이야기를 꺼낼 때면 나도 모르게 넋을 잃고 바라봅니다.

호기심이라면 결코 뒤지지 않는 남성이 절대로 여성을 이길 수 없는 이유가 한 가지 있다면 그것은 바로 여성에게만 있는 섬세한 '감수성'이 아닐까요? 그런데 안타깝게도 많은 여성이 그 사실을 깨닫지 못하는 것 같습니다. 부모는 보물이라고 불릴 만한 여성의 감수성을 찾아내서 딸을 교육하는 데 적극 활용해야 합니다. 엄마가 감수성이 풍부해야 딸도 감수성이 풍부해집니다. 이것이 이 책의 중심 내용입니다.

어리석은 남성인 내가, 여성이 모르던 부분을 일깨워드렸다면 다행입니다. 많은 비평을 기다립니다. 그리고 이 분야에 대한 글은 좀 더 시간을 두고 충분히 생각해서 다시 써보고 싶습니다.

이번 책을 제작하는 데도 역시 딸을 기르는 엄마, 호타 야스코(堀田康子)씨께 많은 도움을 받았습니다. 후쇼사 편집자를 비롯해 여러분께 감사의 말을 드립니다.

끝으로 딸들에게 한마디 하고 싶습니다.

너희들은 지금 감수성을 풍부하게 길러야 할 중요한 시기란다. 공부하느라 바쁘겠지만, 틈틈이 작은 것에도 감동하는 마음을 잃지 않도록 해야 한다. 감수성의 핵심은 다른 사람의 마음을 헤아리는 데 있단다. 여성의 가장 큰 장점인 뛰어난 감수성을 잘 길러서 부디 '다음 세대'에게 전해주기 바란다.

마츠나가 노부후미

"형이나 동생이 있더라도, 그들은 너와 같지 않아. 조금 비슷한 점이 있더라도, 얼굴이나 몸이나 머릿속은 완전히 다르단다. 다른 부분이 훨씬 많아. 그러므로 같은 부모의 유전자를 가지고 태어났어도, 너와 같은 인간은 과거에도 미래에도 존재하지 않아. 이 유일한 정신과 육체를 가진 우리가 해야 할 일은 무엇일까? 그것은 바로 최대한 즐기며 사는 것이란다. 그러기 위해서는 스스로 생각하고, 남에게 속지 않기 위한 무장이 필요하지. 우리가 공부하는 이유는 이런 무장을 하기 위해서야. 최대한 인생을 즐기며 살도록 하자."

　　이렇게 말하면 공감하지 않는 남자아이는 없습니다. 하지만 제가 외려 신이 나서 여자아이에게 같은 말을 하면 표정이 약간 곤란해집니다. 어딘가 받아들이기에 찜찜한 부분이 있다는 반응입니다. 그래서 '즐기는 삶'을 '행복한 삶'이라고 바꾸어 말하면 대부분 동의합니다. 여성 대부분은 행복을 중요하게 여기는 것 같아요. 하지만 대부분의 남성은 행복만 말하면 자극이 약하다고 느끼고 즐길 거리를 찾게 되는 것 같습니다.

이는 여성이 남성보다 행복을 느끼는 감성이 발달되어 있기 때문이라고 생각합니다. 반대로 남성들은 그 감성이 부족하기에 더 자극적인 것을 원하는 것 같아요. 그리고 이는 '호기심'이 뿌리가 된다고 생각합니다. 미각, 청각, 시각, 촉각, 후각을 넘어 '감수성'이라는 측면에서 여성은 남성을 웃돌고 있다는 뜻입니다. 물론 남성도 자신의 호기심을 바탕으로 감수성을 기를 수 있습니다. 하지만 타고난 여성을 당해내기는 어렵습니다.

남자아이들은 책상 위에 꽃이 놓여 있어도 "예쁘다!"라는 탄성이 터져 나오지 않습니다. 하지만 여자아이들은 "예쁘다!"라고 말하며 호들갑을 떨지요. 그 이유는 무엇일까요? 여자아이는 존재 자체가 아름답습니다. 그렇게 타고났습니다. 이는 시간이 흘러 여자아이가 엄마가 되었을 때, 자신이 사랑받아온 만큼 아이를 사랑으로 키울 미래가 예정되어 있기에 틀림없습니다.

그러니까 부모님은 "예쁘다"라는 생각이 드는 만큼 아이들을 "예쁘다"라고 말해주며 키우셨으면 합니다. 아이가 예쁜 것은 당연하다고 여겨 충분히 사랑을 확인받지 못한 딸로 자라지 않도록 주의해달라는 충고를 이 책의 맺음말로 대신하겠습니다. 다시 한번 읽어주셔서 감사드립니다.

마츠나가 노부후미

KI신서 11191

딸은 세상의 중심으로 키워라(개정증보판)

상처 주지 않고 자존감을 높이는 훈육 기술

1판 1쇄 발행 2007년 5월 20일
3판 1쇄 인쇄 2024년 4월 15일
3판 1쇄 발행 2024년 5월 8일

지은이 마츠나가 노부후미
옮긴이 이수경
펴낸이 김영곤
펴낸곳 ㈜북이십일 21세기북스

인문기획팀장 양으녕 **책임편집** 서진교
디자인 STUDIO BEAR
출판마케팅영업본부장 한충희
마케팅2팀 나은경 정유진 백다희 이민재
영업팀 최명열 김다운 권채영 김도연
제작팀 이영민 권경민

출판등록 2000년 5월 6일 제406-2003-061호
주소 (10881) 경기도 파주시 회동길 201 (문발동)
대표전화 031-955-2100 **팩스** 031-955-2151 **이메일** book21@book21.co.kr

(주)북이십일 경계를 허무는 콘텐츠 리더

21세기북스 채널에서 도서 정보와 다양한 영상자료, 이벤트를 만나세요!
페이스북 facebook.com/jiinpill21   포스트 post.naver.com/21c_editors
유튜브 youtube.com/book21pub 인스타그램 instagram.com/jiinpill21
홈페이지 www.book21.com

당신의 일상을 빛내줄 탐나는 탐구 생활 〈탐탐〉
21세기북스 채널에서 취미생활자들을 위한 유익한 정보를 만나보세요!

ⓒ 마츠나가 노부후미, 2023
ISBN 979-11-7117-146-0 03370